Max Lucado

ESPERANÇA
INABALÁVEL

Max Lucado

Esperança Inabalável

Firmando nossas vidas *nas* promessas *de* Deus

Thomas Nelson
Brasil

Rio de Janeiro, 2022

Título original
Unshakable Hope

Copyright da obra original © 2018 por Max Lucado.
Edição original por Thomas Nelson. Todos os direitos reservados.
Copyright da tradução © Vida Melhor Editora LTDA., 2018

GERENTE EDITORIAL	*Samuel Coto*
EDITOR	*André Lodos Tangerino*
PRODUÇÃO EDITORIAL	*Bruna Gomes*
COPIDESQUE	*Jean Xavier*
REVISÃO	*Fátima Fuini e Francine de Souza*
CAPA	*Rafael Brum*
DIAGRAMAÇÃO	*Julio Fado*

CIP-BRASIL. CATALOGAÇÃO NA FONTE
SINDICATO NACIONAL DOS EDITORES DE LIVROS, RJ

L965e

Lucado, Max, 1955-
    Esperança inabalável / Max Lucado ; tradução Maurício Bezerra Santos Silva. - 1. ed. - Rio de Janeiro : Thomas Nelson Brasil, 2018.
208 p.

Tradução de: Unshakable hope

ISBN 9788578608972

1. Esperança - Aspectos religiosos - Cristianismo. 2. Fé. I. Silva, Maurício Bezerra Santos. II. Título.

18-51720   CDD: 234.2
     CDU: 27-423.79

Thomas Nelson Brasil é uma marca licenciada à Vida Melhor Editora LTDA.
Todos os direitos reservados à Vida Melhor Editora LTDA.
Rua da Quitanda, 86, sala 218 - Centro
Rio de Janeiro - RJ - CEP 20091-005
Tel.: (21) 3175-1030
www.thomasnelson.com.br

Para Mikal e Tammy Watts,
O amor e a generosidade de vocês nos fazem lembrar de Jesus.
Agradecemos a Deus por sua fé e amizade inabaláveis.

Sumário

Agradecimentos 9

Capítulo 1
As promessas grandiosas e preciosas de Deus 11

Capítulo 2
Selados com a imagem de Deus 25

Capítulo 3
Os dias do diabo estão contados 31

Capítulo 4
Um herdeiro de Deus 41

Capítulo 5
Sua oração tem poder! 51

Capítulo 6
Graça para o humilde 61

Capítulo 7
Deus entende você 71

Capítulo 8
Cristo está orando por você 81

Capítulo 9
  Não há condenação 91

Capítulo 10
  Esse túmulo é temporário 103

Capítulo 11
  A alegria está para chegar 113

Capítulo 12
  Você receberá poder 125

Capítulo 13
  A justiça prevalecerá 137

Capítulo 14
  Promessas indissolúveis, esperança inabalável 147

Perguntas para reflexão 159

Notas 203

Agradecimentos

Quarenta.

Noé flutuou por quarenta dias no dilúvio.

Moisés passou quarenta anos no deserto.

Jesus enfrentou quarenta dias de tentação.

Existe algo de importante sobre o número quarenta.

Portanto, permita-me mencionar o fato de que este é o meu quadragésimo livro. Ninguém poderia ser mais grato do que eu. Pensar que Deus permitiria que um ex-alcoólatra convertido e com tendências à autopromoção e ao egocentrismo escrevesse uma página que fosse, já seria testemunho da sua bondade e da sua graça; quanto mais quarenta livros!

Eu te agradeço, Pai!

Obrigado por essa equipe sensacional de colegas e amigos.

Karen Hill e Liz Heaney, editoras do mais alto nível.

Carol Bartley, revisora incomparável.

Steve e Cheryl Green. Em algum idioma o nome de vocês significa "fiéis e verdadeiros", porque é isso que vocês são.

Os super-heróis da HarperCollins Christian Publishing: Mark Schoenwald, David Moberg, Brian Hampton, Mark Glesne, Jessalyn Foggy, LeeEric Fesko, Janene MacIvor, Debbie Nichols e Laura Minchew.

Os gerentes da equipe de marca, Greg e Susan Ligon. Vocês alcançaram o máximo da eficiência e dou-lhes o máximo da minha gratidão.

Os assistentes administrativos Janie Padilla e Margaret Mechinus. Obrigado por tudo o que fazem.

A equipe da Oak Hills Church. Aprendemos juntos a ficar firmes nas promessas.

A nossa família incrível, Brett, Jenna, Rosie e Max; Andrea; Jeff e Sara. Não há pai ou avô mais orgulhoso do que eu!

A minha querida esposa Denalyn:

Nem com a pena de um poeta
Nem com estrelas a oferecer
Expressaria de forma completa
O amor que eu tenho por você

Capítulo 1

AS PROMESSAS GRANDIOSAS E PRECIOSAS DE DEUS

> [Deus] nos deu as suas grandiosas e preciosas promessas para que por elas vocês se tornassem participantes da natureza divina.
>
> — 2Pedro 1:4

Havia um contraste enorme entre o rabino e o rei. O judeu era idoso e encurvado, não possuía nenhuma vantagem física. Os dois anos na prisão o deixaram pele e osso, com as bochechas flácidas e manchadas. A bolsa não possuía nada além de algumas moedas e a sua comitiva não passava de alguns amigos. A calvície enfeitava sua cabeça, a barba permanecia cerrada e grisalha. A túnica era de um mestre itinerante. Em comparação com o rei, a maioria das pessoas parecia simples e necessitada. O rei Agripa entrou no tribunal naquele dia com grande pompa. Ele e sua irmã estavam vestidos de púrpura. Os legionários romanos os seguiram. Agripa era o governante legítimo, o defensor da religião e o supervisor daquelas bandas.

Paulo, por outro lado, era um simples missionário. Tinha todas as razões para temer o julgamento desse monarca. O rei fazia parte da geração contemporânea da dinastia de Herodes, o último dos Herodes a intrometer-se na vida Cristo ou de seus seguidores. O bisavô dele tentou matar o menino Jesus, assassinando brutalmente as crianças de Belém. O tio-avô matou João Batista e o seu pai, Agripa I, executou Tiago e prendeu Pedro.

No entanto, naquele momento, Paulo estava em pé diante dele. Ele estava na prisão e em apuros por pregar uma nova religião. Como será que o apóstolo se defenderia? Será que ele pediria misericórdia? Clamaria por um milagre? Naquele que foi, provavelmente, o discurso mais importante da sua vida, como Paulo apresentaria a sua defesa? Depois de uma breve saudação, ele disse: "Agora, estou sendo julgado por causa da minha esperança no que Deus prometeu aos nossos antepassados" (Atos 26:6).

A defesa de Paulo não se referia a nenhuma de suas conquistas ("Sabe, é de conhecimento de todos que fui instrumento para a ressurreição de uma pessoa"). Ele não exigiu um tratamento preferencial ("Eu sou um cidadão romano") nem tentou justificar suas ações ("Eu só estava sendo tolerante"). Ele não fez nada disso. A sua única justificativa era esta: "Eu acreditei nas promessas de Deus".

Foi dessa mesma maneira que também agiram Abraão, Isaque e Jacó. Acrescente a essa lista Noé, Maria, um profeta chamado Isaías e um pregador chamado Pedro.

Os heróis da Bíblia vieram de todas as camadas sociais — governantes, servos, mestres, médicos — eram homens e mulheres, casados e solteiros. Mesmo assim, havia um denominador comum entre eles: todos construíam a vida sobre as promessas de Deus e, por causa delas, Noé acreditou na chuva antes de a *chuva* existir. Por causa das promessas de Deus, Josué conduziu dois milhões de pessoas a territórios inimigos. Por causa das promessas de Deus, Davi fez um gigante cair, Pedro levantou-se das cinzas do remorso e Paulo encontrou a graça pela qual estava disposto a entregar a própria vida.

Um escritor chegou ao ponto de chamar esses santos de "herdeiros da promessa" (Hebreus 6:17). É como se a promessa fosse a fortuna da família, e eles, inteligentes o bastante para comparecer à leitura do testamento:

> Pela fé Noé, quando avisado a respeito de coisas que ainda não se viam, movido por santo temor, construiu uma arca para salvar sua família[...]
> Pela fé Abraão, quando chamado, obedeceu e dirigiu-se a um lugar que mais tarde receberia como herança, embora não soubesse para onde estava indo [...] viveu em tendas, bem como Isaque e Jacó, co-herdeiros da mesma promessa [...] e também a própria Sara, apesar de estéril e avançada em idade, recebeu poder para gerar um filho, porque considerou fiel aquele que lhe havia feito a promessa[...] Pela fé Abraão, quando Deus o pôs à prova, ofereceu Isaque como sacrifício. Aquele que havia recebido as promessas estava a ponto de sacrificar o seu único filho. (Hebreus 11:7-17)

A lista prossegue por vários versículos. Jacó, José e Moisés confiaram nas promessas de Deus. Suas histórias foram diferentes, mas o tema era o mesmo: as promessas de Deus eram as estrelas-guias em suas peregrinações de fé. Eles tinham um grande número de promessas para escolher.

Um estudante da Bíblia passou um ano e meio tentando contar o número de promessas que Deus fez à humanidade. Ele encontrou 7.487 promessas![1] As promessas de Deus são pinheiros nas Montanhas Rochosas da Bíblia: abundantes, firmes e permanentes. Algumas promessas são positivas (a garantia das bênçãos), outras são negativas (a garantia das consequências), mas todas elas são válidas, porque Deus não é somente alguém que faz promessas, mas também aquele que as cumpre.

Enquanto Deus preparava os israelitas para enfrentar uma nova terra, ele fez-lhes uma promessa:

> "Faço com vocês uma aliança", disse o Senhor. "Diante de todo o seu povo farei maravilhas jamais realizadas na presença de nenhum outro povo do mundo. O povo no meio do qual você habita verá a obra maravilhosa que eu, o Senhor, farei". (Êxodo 34:10)

Deus não destacou a força dos israelitas, mas o poder divino. Ele não ressaltou a capacidade deles. Ele enfatizou a sua própria capacidade. Ele os preparou para a jornada realçando o seu poder para fazer e para cumprir as suas promessas.

Desde o seu primeiro capítulo, a Bíblia defende a confiabilidade de Deus. Por nove vezes, o texto repete: "Deus disse". Sem exceção, quando Deus falou, algo aconteceu. Algo maravilhoso: a luz, a terra, as praias e as criaturas foram criadas pelo decreto de Deus. Ele não recorreu a nenhum conselheiro e nem precisou de ajuda. Ele falou e logo aconteceu. Só resta ao leitor uma conclusão: a palavra de Deus é garantida. O que ele fala, acontece.

> Mediante a palavra do Senhor foram feitos os céus, e os corpos celestes, pelo sopro de sua boca. Ele ajunta as águas do mar num só lugar; das profundezas faz reservatórios. Toda a terra tema o Senhor; tremam diante dele todos os habitantes do mundo. Pois ele falou, e tudo se fez; ele ordenou, e tudo surgiu. (Salmos 33:6-9)

Quando Deus limpou a garganta, o universo surgiu. Sua autoridade era indiscutível.

O mesmo poder se vê em Jesus Cristo. Certa ocasião, um oficial do exército romano pediu que o mestre curasse seu servo. Jesus ofereceu-se para ir à casa dele, mas o oficial recusou-se dizendo:

> "[...] Senhor, não mereço receber-te debaixo do meu teto. Mas dize apenas uma palavra, e o meu servo será curado. Pois eu também sou homem sujeito à autoridade, com soldados sob o meu comando. Digo a um: Vá, e ele vai; e a outro: Venha, e ele vem. Digo a meu servo: Faça isto, e ele faz". Ao ouvir isso, Jesus admirou-se e disse aos que o seguiam: "Digo-lhes a verdade: Não encontrei em Israel ninguém com tamanha fé [...]" Então Jesus disse ao centurião: "Vá! Como você creu, assim lhe acontecerá"! Na mesma hora o seu servo foi curado. (Mateus 8:8-10, 13)

Por que Jesus aplaudiu a fé do centurião? Porque o homem acreditou no poder de Jesus para cumprir a sua palavra. Na verdade, essa história traz a definição de fé formulada por Jesus: *a fé é a crença bem firme de que Deus cumprirá as suas promessas*. O soldado romano entendeu esta verdade simples: Deus não pode — na verdade, ele não tem como — falhar em suas promessas. Suas alianças são invioláveis de forma contratual; não são escritas na areia, mas sim em granito. O que ele diz, acontecerá!

Tem de acontecer! Suas promessas são irrevogáveis por causa de quem ele é:

1. **Ele é imutável.** Ele vê o fim desde o princípio. Ele nunca é surpreendido por um imprevisto. Ele também não faz correções no meio do percurso, não está sujeito à mudança de ânimo ou a mudanças climáticas e "não muda como sombras inconstantes" (Tiago 1:17).
2. **Ele é fiel.** "Aquele que prometeu é fiel" (Hebreus 10:23).
3. **Ele é forte.** Ele não faz promessas além do que pode cumprir. "Deus é poderoso para cumprir tudo o que promete" (Romanos 4:21 NVT).
4. **Ele não pode mentir.** "É impossível que Deus minta" (Hebreus 6:18). A rocha não pode nadar. O hipopótamo

não pode voar. A borboleta não pode comer uma tigela de espaguete. Não dá para dormir sobre uma nuvem, e Deus não pode mentir. Ele nunca exagera, nem manipula, nem engana, nem bajula ninguém. Esse versículo não diz que é difícil ou improvável que Deus minta. De modo algum! A afirmação é clara: é impossível! A Escritura é a mais clara possível. "Deus... não pode mentir" (Tito 1:2 ARC). O engano simplesmente não é uma opção, pois ele não quebra suas promessas! (Tito 1:2).

Esse tema sobre Deus como aquele que cumpre suas promessas faz-me lembrar da infância. Quando tinha uns doze anos, acompanhei meu pai para comprar pneus novos para o carro da família. Ele era de uma cidade pequena e de uma época mais simples. Não possuía roupas chiques ou riquezas. Era um mecânico confiável de um campo de petróleo. Amava a família, pagava as contas, tinha palavra e se ofendia com aqueles que duvidavam da sua integridade. Ele certamente ficou ofendido nesse dia na loja de pneus.

Meu pai escolheu os pneus, e esperamos enquanto eles estavam sendo colocados. Quando chegou a hora de pagar a conta, eu estava ao lado dele no balcão enquanto preenchia o cheque. O vendedor observou o cheque e depois pediu que meu pai apresentasse algum documento de identidade. Essa prática é comum atualmente, mas na década de 1960 o comerciante raramente pedia algum documento.

Meu pai ficou surpreso.

"Você não acredita que sou a pessoa que o cheque diz ser?"

O vendedor teve vergonha.

"Pedimos isso a todos os clientes".

"Você não acha que eu sou uma pessoa honesta?"

"Não se trata disso, senhor".

"Se não acha que posso honrar a minha palavra, pode ir tirando esses pneus!"

Lembro-me de que houve um momento prolongado de silêncio constrangedor enquanto o vendedor pensava no que fazer.

Voltamos para casa com os pneus novos, e eu tive uma aula de integridade. As pessoas honestas levam bem a sério a questão de cumprir a própria palavra. O bom Deus trata a questão com muito mais seriedade. Aquilo que foi dito sobre a fidelidade de Deus a Israel pode-se dizer quanto à sua fidelidade para conosco. "Palavra alguma falhou de todas as boas coisas que o Senhor falou à casa de Israel; tudo se cumpriu" (Josué 21:45).

A questão não é se Deus cumprirá suas promessas, mas sim se construiremos nossa vida sobre elas.

Tenho muitos detalhes pessoais, um dos menos estranhos é que o polegar da minha mão esquerda treme. Faz uns dez anos que isso acontece. Parece que meu polegar vive numa overdose de cafeína. Se eu segurar um copo de refrigerante com a mão esquerda, derramo líquido para todo lado; mas, como não sou canhoto, esse tremor não me incomoda. Geralmente uso isso para puxar assunto com alguém. ("Ei, já te mostrei como meu polegar treme? Agora é a sua vez de mostrar algum detalhe curioso que você tem").

Já me acostumei com esse tremor localizado, mas a princípio isso não era tão tranquilo, pois me incomodava. Eu achava que algo estava fora de controle. Pelo fato de meu pai ter morrido vítima da esclerose lateral amiotrófica (ELA), já pensava no pior. Essa situação era especialmente tensa porque meu polegar esquerdo segue-me aonde quer que eu vá. Quando me penteio, o treme-treme aparece; quando dou a tacada final no golfe, adivinha quem não fica quieto? Se levantar a mão esquerda para convencer numa pregação, pode ser que você não confie no que eu disser por causa do dedo vacilante.

Marquei uma consulta com o neurologista e entrei no consultório com a boca seca de medo. Ele verificou meus exames de sangue e examinou-me. Também fez com que eu andasse um pouco, equilibrasse e girasse alguns pratos com o meu dedo (Estou brincando, ele não me fez andar). Bateu no meu joelho com um martelo de borracha e fez algumas perguntas. Então, depois de uma eternidade, ele disse:

"Não há motivo para se preocupar".

"Tem certeza?"

"Tenho".

"Não precisarei de tratamento?"

"Não".

"Nem de uma cadeira de rodas?"

"A meu ver, não!"

Nesse momento, ele me assegurou:

"Garanto que o tremor no seu polegar não é nada sério".

Então dei um salto da cadeira, agradeci e saí de lá. Senti-me melhor. Entrei no carro e voltei para casa. Quando parei no semáforo, observei a mão no volante. Adivinha o que o meu polegar estava fazendo? Sim, ele estava tremendo!

Pela primeira vez, desde que o tremor tinha aparecido, tive a oportunidade de ver isso com outros olhos. Tinha a opção de pensar sobre o problema ou de me lembrar da promessa. Poderia escolher a ansiedade ou a esperança. Optei pela esperança. Mesmo parecendo sentimental, lembro-me de ter dito para meu polegar: "Não lhe darei mais atenção. O médico me prometeu que você é inofensivo". A partir daquele momento, toda vez que o polegar não se comporta, lembro-me da promessa do médico.

O que está se agitando no seu mundo? Pode não ser o polegar que está tremendo, mas sim o futuro, a fé, a família ou as finanças. Esse mundo é bem agitado!

Você precisa de uma esperança inabalável?

Caso precise, você não está sozinho. Vivemos em uma época de desespero. A taxa de suicídio nos Estados Unidos aumentou 24 por cento desde 1999.[2] Vinte e quatro por cento! Se alguma doença se propagasse com essa proporção, consideraríamos isso uma epidemia. Como explicamos esse aumento? Nossa educação é a melhor possível. Temos ferramentas tecnológicas que nossos pais nem poderiam imaginar. Somos saturados de diversões e recreação. Mesmo assim, pessoas planejam a própria morte cada vez mais. Como pode? Não dá para ignorar essa pergunta.

As pessoas estão morrendo por falta de esperança. O secularismo suga a esperança da sociedade e reduz o mundo a poucas décadas entre o nascimento e a morte. Muitas pessoas acreditam que este mundo é o que tem para hoje, mas, convenhamos, ele não é tão bom assim.

Entretanto, o povo da promessa tem uma vantagem: eles decidem meditar, orar e proclamar as promessas de Deus. São como Abraão, que "não duvidou nem foi incrédulo em relação à promessa de Deus, mas foi fortalecido em sua fé e deu glória a Deus" (Romanos 4:20).

Eles filtram a vida por meio das promessas de Deus. Quando os problemas aparecem, podemos ouvi-los dizer a si mesmos: "Mas Deus disse...". Quando as dificuldades trazem ameaças, podemos vê-los folheando a Bíblia e dizendo: "Acho que Deus disse algo consolador sobre isso". Quando consolam as pessoas, tendem a perguntar: "Você conhece a promessa de Deus sobre esse assunto?"

As promessas de Deus servem como uma prateleira de remédios. Do mesmo modo que o médico pode receitar um medicamento para o corpo, Deus deu-lhe promessas para o coração. Ele concede-as para nós como os presentes que um amigo dá. "O Senhor confia os seus segredos aos que o temem, e os leva a conhecer a sua aliança" (Salmos 25:14).

Deus nos deu uma solução para cada problema da vida, portanto, tenha como objetivo conhecer essas promessas tão bem a ponto de fazer uma receita para si mesmo:

1. **Hoje estou com medo**. Está na hora de abrir uma garrafa de Juízes 6:12: "O Senhor está com você". Tomarei posse da presença de Deus.
2. **Parece que o mundo está fora de controle**. É o momento de tomar uma dose de Romanos 8:28: "Deus age em todas as coisas para o bem".
3. **Vejo nuvens negras no horizonte**. O que foi mesmo que Jesus disse? Ah, agora lembro: "Neste mundo vocês terão aflições; contudo, tenham ânimo! Eu venci o mundo" (João 16:33).

Só depois de quarenta anos de ministério, descobri que nada eleva tanto uma alma cansada quanto as promessas de Deus. Este livro contém parte das minhas promessas favoritas, e tenho recorrido a muitas delas ao longo dos anos para incentivar tanto as pessoas quanto a mim mesmo. Precisamos desesperadamente delas. Não precisamos de outras opiniões ou palpites, mas sim das declarações definitivas do nosso Deus poderoso e amoroso, que governa o mundo segundo essas grandes e preciosas promessas.

Em que você baseia a sua vida – nas circunstâncias da vida ou nas promessas de Deus?

Jesus contou uma história sobre dois homens que construíram uma casa e que tinham materiais parecidos e projetos e intenções idênticas. Os dois queriam construir uma casa, mas um deles preferiu a terra arenosa por ser barata e de fácil acesso. O outro optou pelo fundamento da rocha, que, embora fosse mais caro, era mais resistente.

> Portanto, quem ouve estas minhas palavras e as pratica é como um homem prudente que construiu a sua casa sobre a rocha. Caiu a chuva, transbordaram os rios, sopraram os ventos e deram contra aquela casa, e ela não caiu, porque tinha seus alicerces na rocha. Mas quem ouve estas minhas palavras e não as pratica é como um insensato que construiu a sua casa sobre a areia. Caiu a chuva, transbordaram os rios, sopraram os ventos e deram contra aquela casa, e ela caiu. E foi grande a sua queda. (Mateus 7:24-27)

O que separa o sábio do tolo? Os dois homens ouviram as palavras de Deus, mas somente o sábio construiu a casa sobre elas.

Como está a resistência do seu alicerce? Imagino que a versão atual dessa parábola seria assim:

Duas pessoas decidiram construir sua própria casa. A primeira foi até a RDM Materiais de Construção: Remorso, Dor e Medo. Ela pediu madeira corroída pelo medo, pregos enferrujados pela dor e cimento aguado pela ansiedade. Já que a casa tinha sido construída com esses materiais, cada dia era consumida pelo remorso, pela dor e pelo medo.

O segundo construtor escolheu outro fornecedor. Ele adquiriu os materiais da Esperança S/A. Em vez de escolher o remorso, a dor e o medo, ela encontrou promessas amplas de graça, proteção e segurança, e tomou a decisão prudente e consciente de construir a vida com base no armazém da esperança.

Qual dos dois construtores era mais sábio? Qual dos dois foi mais feliz? Qual dos dois se parece mais com você?

Falando nisso, ao compartilhar essas palavras, estou baseado em uma promessa:

> Assim como a chuva e a neve descem dos céus e não voltam para eles sem regarem a terra e fazerem-na brotar e florescer, para ela produzir semente para o semeador e pão para o que come, assim também ocorre com a palavra que sai da minha boca: ela não voltará para mim vazia, mas fará o que desejo e atingirá o propósito para o qual a enviei. (Isaías 55:10-11)

Observe a garantia da promessa de Deus. A palavra de Deus "sempre produz sementes. Ela fará o que desejo e prosperará aonde quer que eu a enviar".

Imagine as palavras de Deus caindo como chuva do céu sobre você. Veja essas promessas como chuvas suaves de primavera e receba-as.

Deixe que elas caiam sobre você e o encharquem. Creio que as palavras de Deus prosperarão em sua vida. Quer juntar sua fé com a minha nessa promessa?

De acordo com Pedro, as promessas de Deus não são simplesmente grandes; elas são "grandiosas". Elas não são somente valiosas, são "preciosas" (2Pedro 1:4). Colocá-las no seu pescoço é se enfeitar com as joias mais preciosas do universo, e é por meio das *grandiosas e preciosas promessas* que participamos da natureza divina. Elas nos conduzem a uma nova realidade, um lugar santo. São placas de sinalização criadas para nos tirar do pantanal tóxico para o ar puro do céu. Permanecem como pedras douradas no caminho para a dimensão de Deus. São rochas fortes que formam a ponte sobre a qual caminhamos do nosso estado pecaminoso para a salvação. As promessas são as vértebras da coluna da Bíblia.

O evangelista norte-americano Dwight Moody disse assim:

> Se o homem alimentar-se por um mês das promessas de Deus, não falará mais sobre a sua pobreza [...] Se for de Gênesis a Apocalipse e vir todas as promessas feitas por Deus a Abraão, a Isaque, a Jacó, aos judeus e aos gentios, e a todo o seu povo em todos os lugares; se passar um mês se alimentando das promessas preciosas de Deus, não andará [...] reclamando sobre o quanto é pobre, mas levantará a cabeça de um modo confiante e proclamará as riquezas da sua graça espontaneamente.[3]

Vamos cumprir o propósito para o qual fomos criados — ser o povo da promessa. Tenha sempre ao seu alcance essa declaração. Proclame em voz alta. Encha os pulmões de ar e o coração de esperança, e que o diabo o ouça declarar sua crença na bondade de Deus.

Construímos nossa vida com as promessas de Deus
Sua Palavra é inquebrável; nossa esperança, inabalável.
Não nos firmamos nos problemas nem na dor da vida
Firmamo-nos nas grandiosas e preciosas promessas de Deus.

CAPÍTULO 2

SELADOS COM A IMAGEM DE DEUS

> Façamos o homem à nossa imagem, conforme nossa semelhança.
>
> — Gênesis 1:26

Há algum tempo, gravei um vídeo de mensagem para nossa igreja. Recrutamos uma equipe cinematográfica e fomos de carro para o Álamo. Escolhemos um banco do parque em frente do santuário da independência do Texas, preparamos o equipamento e demos início ao trabalho.

Quatro trabalhadores cuidaram da imagem e do som com as luzes e as câmeras, e eu me sentei no banco, tentando me lembrar dos meus pensamentos. Com certeza parecíamos ser alguma autoridade, pois as pessoas que passavam começaram a parar. Alguns começaram a observar. *Quem é esse homem? O que eles estão filmando?*

A curiosidade de uma mulher aflorou em uma pergunta que gritou para mim por detrás da equipe: "Você é alguma pessoa importante?"

Toda pessoa na face da terra faz a mesma pergunta. Não sobre um homem ruivo sentado em um banco do parque, mas sim sobre si mesma.

Será que sou uma pessoa importante?

É fácil não se sentir importante quando a empresa o considera um simples número, quando o namorado trata você como um animal, quando o "ex" drena a energia ou quando a velhice tira a sua dignidade. Uma pessoa importante? Assim fica difícil!

Quando se deparar com essa questão, lembre-se desta promessa de Deus: você foi criado por Deus, à imagem de Deus e para a glória dele.

> Então Deus disse: "Façamos os seres humanos à nossa imagem, conforme a nossa semelhança. Domine ele sobre os peixes do mar, sobre as aves do céu, sobre os grandes animais de toda a terra [...] (Gênesis 1:26)

Que promessa maravilhosa está incluída nessas palavras! Deus nos fez para refletir a imagem de Deus. Ele nos criou para sermos mais parecidos com ele do que tudo o mais que foi criado. Ele nunca declarou: "Façamos os oceanos à nossa imagem" ou "os pássaros à nossa semelhança". Os céus que se encontram sobre nós refletem a glória de Deus, mas não foram feitos à imagem de Deus. Porém, nós fomos feitos dessa forma.

Só para esclarecer: uma pessoa só acha a si mesma um deus se estiver delirando, mas todos carregamos parte dos atributos comunicáveis de Deus. Sabedoria, amor, graça, gentileza, um desejo de eternidade, esses são apenas alguns atributos que nos distinguem do animal da fazenda e que sugerem que carregamos a impressão digital do Criador Divino. Fomos criados à *sua imagem* e à *sua semelhança*.

Esses termos definem a si próprios depois de alguns capítulos. "Aos 130 anos, Adão gerou um filho à sua semelhança, conforme a sua imagem; e deu-lhe o nome de Sete" (Gênesis 5:3). Sete portava a imagem e a semelhança de seu pai. Quem sabe tinha o cabelo cacheado ou olhos escuros. Com a exceção do umbigo, Sete tinha muitas semelhanças com Adão.

O mesmo acontece conosco. Somos semelhantes a Deus de várias formas, e não há exceções a essa promessa. Cada homem ou mulher, seja antes ou depois de nascer, seja rico ou pobre, more na cidade ou no campo, é feito à imagem de Deus. Algumas pessoas reprimem, outras reforçam, mas todos fomos feitos à imagem de Deus.

O pecado distorceu essa imagem, mas não a destruiu. Nossa pureza moral foi manchada e nosso intelecto, poluído por ideias insensatas. Fomos enganados pelo elixir da autopromoção em vez de exaltarmos a Deus. Há momentos que a imagem de Deus é difícil de perceber, mas não pense em nenhum instante que Deus desistiu da sua promessa ou alterou o seu plano. Ele ainda cria as pessoas à sua imagem para serem semelhantes a ele e refletirem a sua glória.

O Novo Testamento descreve a obra progressiva de Deus para nos moldar conforme a sua imagem. À medida que temos comunhão com Deus, lemos a sua Palavra, obedecemos aos seus mandamentos e buscamos entender e refletir o seu caráter, algo maravilhoso passa a surgir ou, melhor dizendo, *alguém* maravilhoso passa a surgir. Deus passa a transbordar em nós. Falamos coisas que Deus falaria, fazemos coisas que Deus faria. Passamos a perdoar, compartilhar e amar. É como se Deus polisse uma moeda antiga e, com o passar do tempo, a inscrição começasse a aparecer.

O objetivo de Deus é simplesmente este: tirar tudo o que não é dele, para que a imagem de Deus com a qual nascemos possa ser vista em nós.

Essa foi a explicação divina transmitida pelo apóstolo Paulo: "[...] vocês já se despiram do velho homem com suas práticas e se revestiram do novo, o qual está sendo renovado em conhecimento, à imagem do seu Criador" (Colossenses 3:9-10). "Nós [...] estamos sendo transformados com glória cada vez maior, a qual vem do Senhor, que é o Espírito" (2Coríntios 3:18).

A psicologia popular está errada quando lhe diz para olhar para dentro de si mesmo para encontrar o seu valor. As revistas estão erradas quando sugerem que você só terá valor se for magro, musculoso, sem espinhas ou perfumado. Os filmes enganam quando fazem pensar que o seu valor aumenta à medida que a sua motivação, inteligência ou patrimônio crescem. Os líderes religiosos mentem quando medem a sua importância de acordo com a frequência à igreja, a disciplina pessoal ou a espiritualidade.

Segundo a Bíblia, você tem valor simplesmente porque Deus o criou à imagem dele e ponto final. Ele o valoriza porque você se parece com ele, e você só encontrará satisfação quando assumir seu papel como portador da imagem de Deus. Este é o pensamento do rei Davi: "Quanto a mim, feita a justiça, verei a tua face; quando despertar, ficarei satisfeito ao ver a tua semelhança" (Salmos 17:15).

Tome posse dessa promessa e guarde-se de um mundo de confusão e medo. Quanta tristeza despareceria se todas as pessoas simplesmente escolhessem acreditar nisto: *Eu fui feito para a glória de Deus e estou sendo moldado conforme a sua imagem.*

No momento em que estava me sentando para revisar este capítulo, minha filha Jenna entrou no meu escritório, redonda como uma joaninha. Em seis meses, se Deus quiser, ela dará à luz uma menina. Posso dizer-lhe uma coisa sobre essa garotinha? Eu a amo. Nunca a vi, mas eu a amo. Ela não fez nada para merecer o meu amor, mas eu a amo assim mesmo. Ela nunca me trouxe café nem me chamou de vovô, nem cantou nem dançou para mim. Mesmo sem ter feito nada para mim, eu já a amo.

Faria qualquer coisa por ela, e isso não é um exagero.

Por quê? Por que eu a amo tanto? Porque ela carrega algo de mim. Uma pequena parte com certeza, mas continua sendo uma parte de mim.

Por que Deus nos ama com amor eterno? Isso não é nada pessoal, mas tem tudo a ver com a pessoa a quem você pertence. Você é dele, carrega dentro de si uma parte dele. Ele o fez à imagem dele. Colocou o nome dele como selo no seu coração. Soprou fôlego de vida nos seus pulmões.

Há quem tenha chamado você de caso perdido ou quem tenha rotulado você como fracassado, ou mesmo rejeitado você como alguém insignificante. Não escute essas pessoas. Elas não sabem o que dizem. Uma centelha divina mora dentro de você. Quando você diz sim para Deus, ele sopra essa brasa santa e começa a produzir uma chama que cresce a cada dia no seu interior. Você é perfeito? Não. Mas está sendo feito perfeito. Ele comprou você, como uma propriedade especial e tem um amor louco e inexplicável por você. O amor dele não depende de você.

Você é ideia de Deus, filho de Deus, criado à imagem de Deus. *Que tal deixar essa verdade penetrar em seu coração?* Você foi concebido por Deus antes de ter sido concebido por seus pais. Foi amado no céu antes de ser conhecido na terra. Você não é um acidente, nem um acaso da genética ou da evolução. Você não é definido pelo número de quilos que pesa, pelos seguidores que possui, pelo carro que dirige ou pelas roupas que veste.

Não importa se você é presidente de uma empresa ou está desempregado, nem se você está na lista dos favoritos, nem se tem ascendência nobre ou é órfão, nem se tem QI alto ou baixo, nem se está no time principal ou foi demitido. Você foi feito à imagem de Deus. Imprima isso no seu currículo. Você é um diamante, uma rosa e uma joia, comprado pelo sangue de Jesus Cristo. Aos olhos de Deus, você é digno de que se entregue a própria vida. Faço um convite para que você deixe essa verdade definir o modo pelo qual você encara a si mesmo.

Que tal você deixar que essa verdade defina o modo pelo qual você vê as pessoas? Todas as pessoas que você vê foram criadas por Deus e merecem ser tratadas com dignidade e respeito. Isso significa que *todas* as pessoas merecem ser vistas do modo como são: portadoras da imagem de Deus.

Imagine o impacto que essa promessa teria sobre a sociedade que a abraçasse. Que civismo ela inspiraria! Que gentileza cultivaria! O racismo não florescerá quando as pessoas acreditarem que o próximo é portador da imagem de Deus. O fogo das rivalidades não será alimentado quando as pessoas acreditarem que seus adversários são ideia de Deus. Será que o homem abusará de alguma mulher? Não fará isso se acreditar que ela tem o selo de Deus. Será que algum chefe negligenciará algum empregado? Ele não fará isso, se acreditar que esse empregado possui uma centelha divina. Será que a sociedade excluirá o mendigo, aquele que tem problemas mentais, o condenado no corredor da morte ou o refugiado? Não fará isso, se acreditar, de verdade, que todo ser humano é ideia de Deus e que ele não tem más ideias.

Você e eu fomos feitos por Deus para conhecê-lo e transmitir esse conhecimento. As crianças têm a tendência de dizer: "Olha para mim!" Quando estão no triciclo dizem: "Olha como eu ando!" No trampolim: "Olha como eu pulo!" No balanço: "Olha como eu balanço!" Esse comportamento é aceitável para crianças.

Será que não está na hora de crescermos? Fomos feitos para ter uma vida que diz: "Olhem para Deus!" As pessoas devem olhar para nós e não ver a nós, mas sim a imagem de nosso Criador.

Esse é o plano de Deus. Essa é a promessa de Deus, e ele a cumprirá! Ele nos fará conforme a imagem dele.

CAPÍTULO 3

OS DIAS DO DIABO ESTÃO CONTADOS

> Em breve o Deus da paz esmagará Satanás debaixo dos pés de vocês.
>
> — Romanos 16:20

Pensar sobre um piquenique não nos surpreende. As pessoas não foram as primeiras ou as últimas que colocaram sua refeição na cesta e saíram para passear no domingo à tarde, afinal de contas, era uma um dia calmo e ensolarado de julho. Uma volta no interior seria ótima, mas não eram as cestas de piquenique que destacaram essa comitiva, e sim onde elas foram abertas.

Foi num campo de batalha. Em 21 de julho de 1861, os cidadãos de Washington montaram a cavalo e foram de carruagem para testemunhar os soldados do Norte resolverem o que eles consideravam ser uma pequena rebelião. O propósito deles era sentar-se sobre cobertores, comer um frango e acenar de longe.

Um soldado os descreveu como "uma multidão de espectadores... Eles vieram utilizando vários meios de transporte, alguns em carruagens suntuosas, outros em carruagens alugadas, e ainda outros em pequenas carruagens, a cavalo ou até mesmo a pé... Era domingo e todos pareciam viver um feriado geral".[1]

Um repórter do *London Times* observou: "Os espectadores estavam todos animados, e uma senhora usava um binóculo de ópera... estava bem animada [com o som de um] estrondo incomum... "Isso é incrível! Meu Deus! Isso não é excelente?"[2]

Não levou muito tempo para se ter um choque de realidade. Com o som dos tiros, o sangue à vista e os gritos dos soldados feridos, as pessoas logo perceberam que não se tratava de um piquenique. Os pais agarraram os seus filhos, e os maridos procuraram pelas mulheres. Eles saltaram para dentro de suas carroças e para cima de seus cavalos, mas alguns foram "pegos em uma debandada de tropas do norte".[3] Outro espectador, um congressista de Nova York, foi pego pelos soldados sulistas e mantido sob custódia durante uns cinco meses.[4]

Essa foi a última vez que os observadores levaram cestas de piquenique para o campo de batalha. Será que foi mesmo? Será que poderíamos cometer algum erro parecido? Haveria alguma possibilidade de assumirmos um pressuposto falso parecido com esse? Seria o caso de estarmos fazendo hoje o que as pessoas de Washington fizeram naquela época? Segundo a Bíblia, estamos em uma guerra bem agitada.

Nossa luta não é contra seres humanos, mas contra os poderes e autoridades, contra os dominadores deste mundo de trevas, contra as forças espirituais do mal nas regiões celestiais.

> Pois a nossa luta não é contra seres humanos, mas contra os poderes e autoridades, contra os dominadores deste mundo de trevas, contra as forças espirituais do mal nas regiões celestiais Por isso, vistam toda a armadura de Deus, para que possam resistir no dia mau e permanecer inabaláveis, depois de terem feito tudo. Assim, mantenham-se firmes, cingindo-se com o cinto da verdade, vestindo a couraça da justiça e ten-

do os pés calçados com a prontidão do evangelho da paz. Além disso, usem o escudo da fé, com o qual vocês poderão apagar todas as setas inflamadas do Maligno (Efésios 6:12-16).

A Bíblia revela o nome de um inimigo real e presente da nossa fé: o diabo. A palavra grega para "diabo" é *diabolos*, e ela tem uma raiz comum com o verbo *diaballein*, que significa "dividir".[5] O diabo é um separador, um divisor, um gerador de discórdia. Ele separou Adão e Eva de Deus no jardim e, também, deseja separar você de Deus; além disso, ele quer levar os descrentes para o inferno e atormentar a vida dos cristãos.

Será que esses pensamentos soam fora de época para você? Você guarda as discussões sobre o diabo em um arquivo escrito com o rótulo de "superstição" ou "religião antiquada"? Se esse é o seu caso, você não está só. De acordo com a pesquisa do Barna Group, "Quatro em dez cristãos (40%) concordaram firmemente que Satanás não é um ser vivo, mas sim de um símbolo do mal". Outros dois a cada dez cristãos (19%) disseram que "concordam um pouco" com essa perspectiva. Uma minoria de cristãos (35%) indicou que acredita que Satanás existe... O restante (dos participantes) não têm opinião formada sobre a existência de Satanás".[6]

Em outras palavras, a maioria dos cristãos recusa-se a acreditar na existência do diabo. Com certeza, a zombaria e o ceticismo com os quais ele é visto devem agradá-lo bastante; pois, a partir do momento em que não é levado a sério, ele recebe carta branca para operar o mal. Afinal de contas, se você não conseguir diagnosticar a fonte dos seus problemas, como poderá lutar contra eles? O diabo quer colocar sua vida em desordem e deixar o nome dele fora disso, mas Deus não lhe permite isso.

A Bíblia indica que a origem das atividades de Satanás foi um episódio de rebelião que aconteceu em algum momento entre a criação do universo e a aparição da serpente no jardim. Quando criou o mundo, "Deus viu tudo o que havia feito, e tudo havia ficado muito bom" (Gênesis 1:31). No princípio, tudo era bom: toda gota d'água, toda árvore, todo animal e, por conseguinte, todos os anjos. No entanto, em algum instante entre os acontecimentos descritos em Gênesis 1 e aqueles que são descritos em Gênesis 3, um anjo liderou um golpe contra Deus e foi expulso do céu. O profeta Ezequiel descreveu sua queda:

> Assim diz o Soberano, o Senhor:
> "Você era o modelo da perfeição,
> cheio de sabedoria
> e de perfeita beleza.
> Você estava no Éden,
> no jardim de Deus;
> todas as pedras preciosas o enfeitavam:
> sárdio, topázio e diamante,
> berilo, ônix e jaspe,
> safira, carbúnculo e esmeralda.
> Seus engastes e guarnições
> eram feitos de ouro;
> tudo foi preparado no dia
> em que você foi criado.
> Você foi ungido
> como um querubim guardião,
> pois para isso eu o designei.
> Você estava no monte santo de Deus
> e caminhava entre as pedras
> fulgurantes.
> Você era inculpável em seus caminhos
> desde o dia em que foi criado
> até que se achou maldade em você (Ezequiel 28:12-15).

A quem Deus estava se dirigindo? Precisamente a este ser:

- que estava no Éden;
- que foi ungido como um querubim guardião;

- que estava no monte santo de Deus; e
- que era inculpável desde o dia em que foi criado até o dia em que sua maldade se revelou.

Quem poderia ser esse Satanás? Essa profecia não passa de uma descrição da queda do diabo.

> Por meio do seu amplo comércio,
> você encheu-se de violência
> e pecou.
> Por isso eu o lancei, humilhado,
> para longe do monte de Deus,
> e o expulsei, ó querubim guardião,
> do meio das pedras fulgurantes.
> Seu coração tornou-se orgulhoso
> por causa da sua beleza,
> e você corrompeu a sua sabedoria
> por causa do seu esplendor.
> Por isso eu o atirei à terra;
> fiz de você um espetáculo para os reis. (v. 16-17)

O coração de Lúcifer tornou-se orgulhoso. Ele não se contentou em adorar; ele tinha de ser adorado (Isaías 14:12-15). Ele não se contentou em curvar-se diante do trono de Deus, ele tinha de sentar-se nele. Não é à toa que o orgulho é um pecado que Deus odeia (Provérbios 6:16-17; 8:13). Não é sem motivo que Paulo exortou a Timóteo que não tivesse pressa em promover o novo convertido "para que não se ensoberbeça e caia na mesma condenação em que caiu o diabo" (1Timóteo 3:6).

Satanás cedeu ao orgulho e, por causa disso, ele foi expulso do céu. Jesus referiu-se a essa expulsão dizendo: "Eu vi Satanás caindo do céu como relâmpago" (Lucas 10:18). Quando o relâmpago cai, a descida é rápida e elétrica. No momento em que Satanás caiu, tudo foi muito rápido. Mesmo assim, ele está bem presente em nossa vida. "Estejam alertas e vigiem. O diabo, o inimigo de vocês, anda ao redor como leão, rugindo e procurando a quem possa devorar (1Pedro 5:8). Ele vem só para "roubar, matar e destruir" (João 10:10). Você já teve alguma alegria? Satanás quer roubá-la. Encontrou algum prazer? Ele tentará destruí-lo. Você ama seu cônjuge? Satanás amaria destruir o seu casamento. Ele é o inimigo do seu destino dado por Deus e tem um forte desejo de ser o destruidor da sua alma.

Não o ignore!

Concorde com o testemunho da Escritura, pois desde as primeiras até as últimas páginas da Bíblia, deparamo-nos com uma força contrária a Deus, arrogante, com grande astúcia e poder. Ele é o diabo, a serpente, o homem forte, o leão, o maligno, o acusador, o deus deste século, o assassino, o príncipe desse mundo, o príncipe do poder do ar, Belzebu e Belial. Ele coordena um conglomerado de forças espirituais: principados, poderes, domínios, tronos, príncipes, senhores, deuses, anjos, espíritos imundos e maus.

Satanás apareceu no jardim no princípio e será lançado no fogo no final. Ele tentou Davi, confundiu Saul e atacou Jó. Ele está nos Evangelhos, no livro de Atos, nos escritos de Paulo, Pedro, João, Tiago e Judas. Todo aquele que estuda a Bíblia seriamente tem de levar Satanás a sério.

Jesus levou o diabo a sério e posicionou-se contra ele no deserto (Mateus 4:1-11). Ele denunciou Satanás como aquele que arranca o evangelho do coração dos que o ouvem (Marcos 4:15; Mateus 13:19). Logo antes da crucificação, Jesus proclamou: "Agora será expulso o príncipe deste mundo" (João 12:31). Jesus não via Satanás como uma figura mitológica, nem como uma invenção simbólica. Ele o via como um narcisista sobre-humano. Quando Jesus nos ensinou a orar, ele não disse: "Livra-nos das emoções negativas nebulosas", mas sim "Livra-nos do mal" (Mateus 6:13).

Nós ajudamos ao diabo em seu plano quando fingimos que ele não é real. Ele realmente existe, mas já foi derrotado. Se Satanás tivesse de ler a Bíblia (algo que ele não fará), ele ficaria totalmente desanimado, pois uma passagem após a outra deixa algo bem claro: os dias do diabo estão contados.

"Tendo despojado os poderes e as autoridades, [Jesus] fez deles um espetáculo público, triunfando sobre eles na cruz" (Colossenses 2:15). Jesus despojou Satanás de uma vitória que parecia garantida. Ele e seus subordinados são monitorados bem de perto até o juízo final. Nesse dia, o grande Dia, Jesus lançará Satanás no lago de fogo do qual nunca mais voltará (2Pedro 2:4; Judas v. 6). O mal terá o seu dia e parecerá ter muito poder, mas Deus dará a palavra final e acabará conquistando a vitória.

Meu amigo Carter Conlon foi pastor na cidade de Nova York por mais de duas décadas, mas também passou boa parte da juventude em uma fazenda. Ele se lembra de uma cena no galinheiro que ilustra a posição de Satanás. Uma família de gatos vivia no galinheiro. A gata mãe era sempre vista com um rato. Ela o provocava até que se cansasse, e então o trazia para os filhotes para ensiná-los como se pega e mata um rato. Carter recorda-se de como o rato, ao ver os filhotes, levantava as patas traseiras preparando-se para lutar. O roedor mostrava os seus dentinhos amarelados e suas pequenas garras, para depois tentar emitir algum ruído, na esperança de convencer os filhotes de que era algo diferente do que realmente era: um rato derrotado, fraco e cercado. Ele já tinha perdido. Os gatinhos nem precisavam lutar para obter a vitória.[7]

Jesus também já venceu o rato do céu, portanto, esteja alerta quanto à presença do diabo, mas não se sinta intimidado com ele. Aprenda a reconhecer o seu mau cheiro. Já que ele só vem para matar, roubar e destruir (João 10:10), sempre que você vir roubo, morte e destruição, recorra a Deus em oração. Como o nome dele significa "divisor", sempre que você vir divórcio, rejeição e isolamento, já sabe de quem é a culpa. Vá correndo para a Bíblia. Firme-se nas promessas de Deus a respeito de Satanás:

> "Em breve o Deus da paz esmagará Satanás debaixo dos pés de vocês." (Romanos 16:20)

> "[...] aquele que está em vocês é maior do que aquele que está no mundo." (1João 4:4)

> "[...] Deus é fiel; ele não permitirá que vocês sejam tentados além do que podem suportar." (1Coríntios 10:13)
>
> "Resistam ao diabo, e ele fugirá de vocês." (Tiago 4:7)
>
> "[O diabo] está cheio de fúria, pois sabe que lhe resta pouco tempo." (Apocalipse 12:12)
>
> "Vistam toda a armadura de Deus [...] com o cinto da verdade, vestindo a couraça da justiça e tendo os pés calçados com a prontidão do evangelho da paz. Além disso, usem o escudo da fé, com o qual vocês poderão apagar todas as setas inflamadas do Maligno." (Efésios 6:13-16)

Os soldados têm bom senso suficiente para não irem ao campo de batalha usando somente bermuda e sandálias. Eles estão atentos à preparação e levam todas as armas disponíveis para o conflito.

É assim que devemos ser, pois toda batalha é uma disputa contra Satanás e as suas forças. Por esse motivo que "[...] embora vivamos como homens, não lutamos segundo os padrões humanos. As armas com as quais lutamos não são humanas; ao contrário, são poderosas em Deus para destruir fortalezas" (2Coríntios 10:3-4).

Quais são essas armas? A oração, a adoração e a Bíblia. Quando oramos, ativamos o poder de Deus contra o diabo. Quando adoramos, fazemos o que o próprio Satanás não fez: entronizamos a Deus. Quando desembainhamos a espada da Escritura, fazemos o que Jesus fez no deserto. Ele reagiu a Satanás proclamando a verdade e, como Satanás tem uma grave alergia à verdade, ele deixou Jesus em paz.

Satanás não permanece muito tempo onde Deus é louvado e orações são feitas. Ele pode ser violento, mas não sairá vitorioso.

Por várias ocasiões fiquei sabendo do nome do vencedor antes do fim da partida. Como pastor, geralmente não tenho a oportunidade de assistir aos jogos de futebol americano de domingo, pois os times jogam enquanto estou pregando. No entanto, não reclamo, porque sempre posso gravar os jogos, e é justamente o que eu faço.

Mesmo assim, em muitos domingos algum membro da igreja bem-intencionado recebe alguma mensagem de texto ou e-mail, fica sabendo do resultado do jogo e sente-se na obrigação de me contar. Até pensei em usar uma placa que diz: "Estou gravando o jogo. Não diga nada!"

Lembrei-me de uma partida em particular. Meu querido Dallas Cowboys estava em um jogo decisivo. Tive o cuidado de programar o gravador e não via a hora de desfrutar de uma tarde de primeiras descidas e de *touchdowns*. Evitei toda e qualquer menção do evento. Evitei até o contato visual com quem achava que poderia entregar o ouro. Consegui até chegar ao meu carro no estacionamento quando um torcedor entusiasmado gritou para mim: "Max, já soube da última? Os Cowboys ganharam!"

Que raiva!

Lá se foi o suspense. Lá se foi a ansiedade que faz você ficar na ponta da cadeira. Lá se foi o roer das unhas e desvio do olhar. Apesar de saber o resultado, eu ainda queria assistir ao jogo e, enquanto assistia, tive uma descoberta agradável: eu poderia assistir sem a mínima tensão! Os Cowboys deixaram a desejar no segundo quarto, mas eu não me preocupei, pois sabia o resultado. Perdemos a bola a seis minutos do final, mas não entrei em pânico, pois sabia quem ganharia. Precisávamos de um *touchdown* no minuto final, mas não tinha problema, pois a vitória estava garantida.

A sua vitória também está. Entre o momento atual e o apito final, você tem razão para estar ansioso. Você perderá a bola, o diabo parecerá estar por cima e algum demônio bloqueará os seus sonhos e o seu destino. Tudo o que é bom parecerá que está perdendo, mas você não precisa se preocupar, pois você e eu sabemos o placar final.

Da próxima vez que você sentir o mau hálito dele, lembre-o da promessa que ele odeia ouvir: "Em breve o Deus da paz esmagará Satanás debaixo dos pés de vocês" (Romanos 16:20).

É uma batalha, então, não prepare uma cesta de piquenique.

Mesmo assim, é uma batalha que Deus já venceu, então, não dê ao diabo mais do que um olhar bem de relance.

CAPÍTULO 4

UM HERDEIRO
DE DEUS

[...] Somos herdeiros; herdeiros de Deus e co-herdeiros com Cristo.

— Romanos 8:17

O corpo de Timothy Henry Gray, de sessenta anos de idade, foi encontrado debaixo de uma ponte dois dias depois do Natal de 2012. Não havia sinal de agressão, nem indicação de crime ou maldade. Um vaqueiro sem teto que tinha morrido de hipotermia, Gray foi vítima de uma sequência de acontecimentos infelizes, exceto por um detalhe: ele teve a chance de herdar milhões de dólares.

O bisavô de Gray era um rico mineiro de cobre, construtor de ferrovias e fundador de uma cidade pequena de Nevada sobre a qual você já deve ter ouvido falar: Las Vegas. A fortuna dele foi passada para a filha Huguette, que morreu em 2011 com a idade de 104 anos.

Huguette deixou uma fortuna de 300 milhões de dólares e, na época da morte de Gray, a execução do testamento estava embargada na justiça. Com o desenrolar dos acontecimentos, o homem encontrado morto sob a ponte ferroviária na verdade não era pobre: ele poderia ter recebido 19 milhões de dólares.[1]

Como um herdeiro de uma fortuna morre na miséria? Com certeza Timothy conhecia o histórico da sua família. Será que ele tinha algum contato com sua tia-avó? Será que alguma vez lhe ocorreu o pensamento de sondar a possibilidade de receber a herança?

Eu pensaria nisso! Eu acamparia na porta da minha querida tia-avó e tiraria todas as pedras no caminho e leria todos os documentos — você também. Teríamos como objetivo ter acesso à nossa herança.

Porém, será que temos direito a alguma herança?

Vamos falar sobre a sua herança. A garantia dela brilha no porta-joias das promessas de Deus: você é um herdeiro — herdeiro de Deus e co-herdeiro com Cristo (Romanos 8:17).

Você não é simplesmente um escravo, um servo ou um santo de Deus. De modo algum! Você é filho de Deus e tem o direito legal aos negócios da família e à fortuna do céu. O testamento foi executado. A exigências dos tribunais foram cumpridas. Houve um depósito na sua conta espiritual. Ele "abençoou [você] com todas as bênçãos espirituais nas regiões celestiais em Cristo" (Efésios 1:3).

Você tem tudo de que precisa para ser tudo o que Deus deseja, pois os recursos divinos foram investidos em você.

Você precisa de paciência? Ela é sua!

Precisa de alegria? Pode pedir!

Tem falta de sabedoria? Deus tem bastante, então, inclua em seu pedido.

O seu pai é rico! "Teus, ó Senhor, são a grandeza, o poder, a glória, a majestade e o esplendor, pois tudo o que há nos céus e na terra é teu. Teu, ó Senhor, é o reino; tu estás acima de tudo" (1Crônicas 29:11).

Você nunca esgotará os recursos dele. Em momento algum ele dispensa a sua oração com um "Volte amanhã. Estou cansado, exausto, sem nenhum recurso".

> Deus é próspero! Rico em amor, abundante em esperança, transbordante em sabedoria.
>
> Olho nenhum viu, ouvido nenhum ouviu, mente nenhuma imaginou o que Deus preparou para aqueles que o amam. (1Coríntios 2:9)

Sua imaginação é tímida demais para entender o sonho de Deus para sua vida. Ele está sempre com você do lado ocidental do rio Jordão, aponta a terra de Canaã e diz-lhe o que disse a Josué: seja forte e tenha bom ânimo, porque essa é a sua herança (Josué 1:6).

O povo da promessa acredita na abundância de recursos sobrenaturais. Será que não precisamos mesmo deles? Será que não somos suscetíveis a passar necessidades? Quantas vezes você não se surpreende pensando "Não sei como resolver isso" ou "Não há como isso dar certo" ou "Não consigo consertar isso".

Um dia desses, passei um bom tempo reclamando para minha esposa. Senti-me pressionado pelos compromissos e pelos prazos. Estava com uma gripe forte. Havia um conflito na igreja entre alguns cooperadores. Eu tinha acabado de chegar de uma viagem internacional e estava sentindo a diferença de fuso horário. Ficamos sabendo que alguns amigos estavam se divorciando e, para completar, recebi um manuscrito cheio de correções dos meus editores. Até procurei por algum capítulo que não precisasse ser reescrito, mas não havia um sequer. Estava uma catástrofe!

Se você pudesse ler a minha mente, teria a impressão de estar lendo o Manual Básico de Pessimismo. *O meu trabalho é inútil. Mudarei para a floresta amazônica e viverei em uma cabana. Não sirvo nem para ser escritor, nem pastor, nem conselheiro... nem mesmo para pertencer à raça humana!*

Depois de vários minutos, Denalyn me interrompeu com uma pergunta. "Onde está Deus nisso tudo?" (Odeio quando ela faz isso!)

O que tinha acontecido comigo? Eu só pensava nos meus próprios recursos. Não estava pensando em Deus, nem consultando Deus, nem recorrendo a ele. Não estava mais falando sobre Deus. Tinha limitado meu mundo à minha própria força, sabedoria e poder. Não é à toa que eu estava "em parafuso"!

Deus reserva esta promessa para esses momentos: "Somos herdeiros; herdeiros de Deus e co-herdeiros com Cristo" (Romanos 8:17).

Os amigos do desânimo, do pessimismo e da tristeza não têm resposta para a promessa da herança. Diga-lhes: "O meu Senhor me ajudará. A força está chegando. O ponteiro pode estar na reserva, mas não faltará combustível. Meu pai não deixará. Sou filho do Deus vivo e amoroso, e ele me ajudará".

> Pois vocês não receberam um espírito que os escravize para novamente temerem, mas receberam o Espírito que os torna filhos por adoção, por meio do qual clamamos: "Aba, Pai". O próprio Espírito testemunha ao nosso espírito que somos filhos de Deus. Se somos filhos, então somos herdeiros; herdeiros de Deus e co-herdeiros com Cristo, se de fato participamos dos seus sofrimentos, para que também participemos da sua glória. (Romanos 8:15-17)

Teríamos dito a Timothy Gray, "Ei, Sr. Gray, você tem direito a uma riqueza, é herdeiro de uma fortuna. Saia de debaixo da ponte e desfrute do seu direito".

Os anjos querem dizer para nós:

"Ei, Lucado! Você mesmo, com essa atitude péssima! Você é herdeiro da alegria de Cristo. O que acha de pedir que Jesus ajude você?

"E você, Sr. Sem Noção? Você não é um herdeiro do arsenal de sabedoria de Deus? Por que não pede uma orientação?"

"Sra. Preocupada, por que você deixa o medo tirar-lhe o sono? Jesus tem paz abundante. Você não é beneficiária do fundo fiduciário de Deus? Encaminhe o seu pedido".

Entenda o seu lugar na família. Você não se aproxima de Deus como um estranho, mas como herdeiro da promessa, e não se achega ao trono de Deus como um intruso, mas como um filho no qual habita o Espírito de Deus.

Uma das histórias mais famosas da Bíblia é relacionada com herança. Os hebreus tinham acabado de ser libertados do cativeiro egípcio, e Deus os levou, juntamente com Moisés, à fronteira da Terra Prometida e fez esta oferta: "E o Senhor disse a Moisés: Envie alguns homens em missão de reconhecimento à terra de Canaã, terra que *dou* aos israelitas. Envie um líder de cada tribo dos seus antepassados" (Números 13:1-2, grifos nossos).

Deus não disse aos israelitas para conquistar, tomar, invadir, sujeitar ou garantir a terra, mas sim que a estava concedendo. A escolha deles era clara: promessas ou circunstâncias? As circunstâncias diziam: "Não há como conquistar. Afastem-se! Existem gigantes na terra". A promessa de Deus dizia: "A terra pertence a vocês. A vitória é sua! Tome posse!"

Tudo o que tinham de fazer era confiar na promessa dele, apesar das circunstâncias, e receber o presente, mas eles não confiaram, e essa foi uma péssima decisão que levou a uma punição com um período de quarenta anos de provação. Deus os deixou vagar pelo deserto por toda uma geração até que uma nova geração de seguidores surgisse.

Josué era o líder dessa geração. No momento da morte de Moisés, Deus passou para ele a oferta da Terra Prometida. "Depois da morte de Moisés, servo do Senhor, disse o Senhor a Josué, filho de Num, auxiliar de Moisés: 'Meu servo Moisés está morto. Agora, pois, você e todo este povo preparem-se para atravessar o rio Jordão e entrar na terra que eu estou para dar aos israelitas. Como prometi a Moisés, todo lugar onde puserem os pés eu darei a vocês'" (Josué 1:1-3).

Geralmente pensamos em Josué como se ele tivesse conquistado a terra, mas é mais adequado pensar nele como alguém que confiava na palavra de Deus. Com certeza, Josué tomou posse da terra, mas ele fez isso porque confiou na promessa de Deus. A grande conquista do povo hebreu foi esta: eles viveram da sua herança. Na verdade, a história termina com essa declaração: "Depois Josué despediu o povo, e cada um foi para a sua propriedade" (Josué 24:28).

Será que isso significa que eles não tiveram desafios? O livro de Josué deixa claro que esse não foi o caso. O rio Jordão era largo, as muralhas de Jericó eram altas, e os habitantes perversos de Canaã não desistiriam sem lutar. Mesmo assim, Josué guiou os hebreus para cruzar o Jordão, derrubar as muralhas de Jericó e derrotar os 31 reis inimigos. Toda vez que enfrentava um desafio, ele o fazia com fé porque confiava na sua herança.

O que você acha de fazer a mesma coisa?

Diante de você está a muralha de Jericó do medo, tijolo sobre tijolo de ansiedade e pavor. É uma fortaleza que o afasta de Canaã. As situações dizem: *Encolha-se de medo!* A sua herança diz algo diferente: *Você é filho do Rei e o amor perfeito dele lança fora o medo, portanto siga em frente!*

Prefira a sua herança.

Os reis da confusão estão assombrando você, e graças a eles você teve dificuldades com a sua identidade e com o seu destino. Você acreditou na mentira que a vida não tem sentido nem propósito, mas depois lembrou-se da sua herança: a verdade, a orientação de Deus, a Palavra dele para o instruir.

Prefira a sua herança.

Será que isso significa que os desafios desparecerão? Isso não aconteceu com Josué. Ele lutou por sete anos, mas conheceu mais vitórias do que derrotas!

Essa pode ser a sua história, só depende da decisão simples de acreditar e assumir sua posição como herdeiro de Deus e co-herdeiro com Cristo. "Neste mundo somos como ele" (1João 4:17). Não somos escravos ou parentes distantes. Nossa herança é tão rica quanto a do próprio Jesus. Também recebemos o que ele recebe.

Imagine que você esteja descansando em casa, certa noite, quando toca a campainha. Você atende e vê um homem bem vestido que se apresenta como advogado especializado em grandes fortunas.

"Posso entrar e conversar com você sobre uma herança potencial?"

Geralmente você não deixaria um estranho entrar em casa, mas será que ele está realmente falando sobre "herança"?

Você o convida para sentar à mesa, ele mostra um documento que retira da sua maleta e começa com algumas perguntas:

"Sua mãe veio da Inglaterra?"

"Sim".

"O nome dela era Mary Jones?"

"Sim". O coração começa a bater mais forte.

"Ela veio morar em Chicago? Trabalhou como professora? Casou-se com John Smith e morreu há cinco anos na Flórida?"

"Sim, sim, sim e sim".

"O seu nome é John Smith Jr."?

"Sim!"

"Então, nós estávamos procurando por você. Sua mãe herdou uma grande quantia do tio dela e agora essa herança é sua.

"Verdade?"

"Sim"

Você pensa: *"Posso comprar sapatos novos na melhor loja do bairro!"*

"A quantia é considerável".

"Talvez eu possa ir a uma loja mais cara".

"Provavelmente mais do que você possa imaginar".

"Está bem. Compro na melhor loja de Nova York".

"Você herdou uma mina de ouro da África do Sul. Levará vários anos para executar toda a herança, mas, enquanto isso, fique com esse adiantamento: vinte milhões de dólares".

Se esse é o adiantamento, qual será o valor de toda a herança?

Essa, meu amigo, é a pergunta do povo da promessa. Você é herdeiro com Cristo do inventário de Deus, e ele providenciará o que você precisa para enfrentar os desafios da vida — ele, com certeza, fez isso para Diet Eman.

Nas primeiras horas da manhã de 10 de maio de 1940, ela acordou com um som que parecia alguém batendo num tapete. Como os estrondos continuaram, a moça holandesa de vinte anos saiu engatinhando da cama e juntou-se a seus pais no gramado à frente de sua casa. Os aviões alemães zumbiam pelo céu e fizeram chover balas sobre Haia. Hitler tinha garantido ao povo da Holanda que respeitaria sua neutralidade, e essa acabou sendo uma das suas promessas que não foram cumpridas.

Depois de voltar para dentro de casa, a família ligou o rádio e ouviu: "Estamos em guerra. Os paraquedistas alemães acabaram de pousar. Na mesma hora, Diet pensou sobre o seu namorado, Hein. Os dois tinham muito em comum: eles cresceram em um lar cristão, eram leais à pátria e estavam revoltados com a opressão alemã contra os judeus.

Nem todos os cristãos holandeses pensavam assim. Alguns defendiam um plano para evitar o conflito e confiar na vontade de Deus, mas, para Hein e Diet, a vontade de Deus era bem clara. Hein conhecia a mensagem do livro *Mein Kampf* [Minha luta]. Ele disse a Diet: "[Hitler] tem tanto ódio que ele fará algo terrível!" No final de 1941, os nazistas exigiram que os judeus usassem estrelas amarelas e proibiram que eles viajassem. Muitos receberam avisos de deportação para a Alemanha.

Diet recebeu o contato de um homem judeu que lhe pediu ajuda. Ela e Hein sabiam que o risco para eles era grande, pois, se fossem pegos, eles poderiam ser mortos, mas, mesmo assim, ajudaram-no e conseguiram com que ele se dirigisse a Friesland para morar com um fazendeiro até o final da guerra.

Aquilo que começou como uma ajuda para um homem acabou tornando-se um plano para ajudar outros, e os riscos foram tornando-se cada vez maiores. Hein falou de planos de contingência, sobre o que fazer se ele fosse preso e, em uma dessas conversas, Diet sentia uma voz interior dizendo: *É melhor dar uma boa olhada nele*. Três dias depois, em 26 de abril de 1944, ele foi capturado e levado para a prisão.

Diet mudou de aparência e de identidade, mas suas táticas não foram suficientes. Dentro de poucas semanas ela também foi presa, e sua única esperança estava nas promessas de Deus. Um dia ela usou um grampo e riscou as palavras de Jesus nos tijolos do muro da prisão: "Eu estarei sempre com vocês, até o fim dos tempos" (Mateus 28:20).

Poucas semanas depois, ela foi transportada junto com muitos outros prisioneiros para um campo de concentração. Havia pouca comida e não havia sabão, toalhas ou papel higiênico. Houve momentos em que ela imaginava ter perdido a razão. Quando finalmente teve a oportunidade de falar em uma audiência, ela ensaiou a história que contaria aos nazistas e se apegou a duas promessas da Bíblia de que recordava: que nenhum fio de cabelo da cabeça se perderia (Lucas 21:18) e que ela não precisava ter medo diante das autoridades (Mateus 10:19). Ela obteve a permissão para voltar para o quartel naquele dia e, depois de duas semanas, foi libertada.

No entanto, Hein estava em Dachau. Um dos seus companheiros de prisão contou posteriormente que Hein demonstrava uma beleza interior e que ele amava a vida e amava a Cristo. Ele foi ficando tão fraco que não conseguia trabalhar. Foi retirado do quartel e nunca mais foi visto.

Ela ainda recebeu uma mensagem. Algum tempo antes da morte dele, Hein escreveu um bilhete em um pedaço de papel higiênico, embalado em um papel marrom, escreveu o endereço e jogou de uma janela de um trem de transporte de prisioneiros. Alguém encontrou e, de um modo impressionante, colocou no correio. O bilhete dizia:

> Querida, não espere que nos encontremos a curto prazo... Aqui vemos novamente que não decidimos sobre o curso da nossa vida... Mesmo que não nos vejamos mais na terra, nunca nos arrependeremos pelo que fizemos, de termos tomado essa atitude. Diet, saiba que, dentre todos os seres humanos deste mundo, eu sou a pessoa que mais amou você.[2]

Na minha imaginação, enxergo Diet deitada em sua cama, passando o dedo pelas palavras que riscou na parede. Os prisioneiros estão famintos. O estômago está roncando e o seu corpo está fraco, mas ela escolhe concentrar-se na promessa de herança: "Estarei sempre com vocês, até o fim dos tempos".

Tento imaginar a cena de Hein em Dachau. Homens com corpos esqueléticos vagam pelo pátio da prisão. O cheiro de morte está no ar, e Hein sabe que está chegando sua hora. Naquela que deve ter sido sua oportunidade final para escrever, ele molha sua caneta no tinteiro da esperança e escreve: *"Nunca nos arrependeremos pelo que fizemos"*.

De onde esse casal tirou tanta coragem? Onde acharam esperança? Como evitaram o desespero? Foi simples! Eles confiaram nas grandes promessas de Deus. E você? Que mensagem está riscando na parede? Que palavras está escrevendo? Prefira a esperança, não o desespero. Escolha a vida, não a morte. Fique com as promessas de Deus.

Você não tem mais que dormir debaixo da ponte, pois é uma nova criatura. Assuma isso em sua vida.

Está na hora de viver da sua herança.

CAPÍTULO 5

SUA ORAÇÃO TEM PODER!

A oração de um justo é poderosa e eficaz.

— Tiago 5:16

Um dia desses, fui com a Denalyn realizar as tarefas normais do dia a dia. Paramos em uma loja chamada OfficeMax para que ela comprasse um calendário. Enquanto caminhamos pelo estacionamento, eu apontei para a placa e disse: "Querida, essa é a minha loja, Office*Max*!"

Ela nem deu atenção.

Corri para a porta da frente e abri para ela.

"Venha para a *minha* loja!"

Ela virou os olhos. Antes achava que virar os olhos era um gesto de frustração, mas, depois de 35 anos, percebo agora que é um símbolo de admiração! Afinal de contas, ela faz isso com frequência.

Continuei com essa atitude enquanto fazíamos as compras, agradecendo por ela ter vindo até a *minha* loja para comprar produtos das *minhas* prateleiras. Ela continuava virando os olhos, acho que ela não tinha palavras para expressar sua admiração.

Quando chegamos na fila do caixa, contei à funcionária a minha posição. Ergui uma sobrancelha e caprichei na voz. "Oi, eu sou o Max!"

Ela sorriu e efetuou a venda.

"Igualzinho a OfficeMax!"

Ela olhou para mim e depois para Denalyn, que virou os olhos novamente. Quanta admiração pelo marido! Eu estava começando a ficar vermelho.

"Eu sou o chefe daqui", eu disse à funcionária.

"Verdade?" Ela disse sem sorrir.

"Por que você não tira essa tarde de folga?"

"Como?"

"Tire folga nessa tarde. Se alguém perguntar, diga que o Max da OfficeMax disse que você poderia ir para casa".

Desta vez ela parou e olhou para mim. "Senhor, você tem o nome, mas não tem influência".

Ela estava certa a meu respeito, mas não se pode dizer o mesmo quanto a você.

Se você recebeu o nome de Cristo, você tem influência sobre o ser mais poderoso no universo. Quando você fala, Deus escuta. Quando ora, o céu anota. "[...] se dois de vocês concordarem na terra em qualquer assunto sobre o qual pedirem, isso lhes será feito por meu Pai que está nos céus" (Mateus 18:19).

Suas orações influenciam as ações de Deus.

Considere como prova a história de Elias, que viveu oito séculos antes do nascimento de Jesus. O reino do Norte teve vinte reis, todos eles maus, mas o pior dos monarcas foi Acabe.

A vida dele é descrita nesse resumo triste: "Nunca existiu ninguém como Acabe que, pressionado por sua mulher Jezabel, vendeu-se para fazer o que o Senhor reprova. Ele se comportou da maneira mais detestável possível, indo atrás de ídolos, como faziam os amorreus, que o Senhor tinha expulsado de Israel" (1Reis 21:25-26).

Aquela foi uma das épocas mais obscuras que lemos na história de Israel. Os líderes eram corruptos e o coração das pessoas, frio, mas, do mesmo modo que os cometas são mais visíveis quando o céu está bem escuro, em meio à escuridão surgiu um cometa flamejante chamado Elias.

O nome Elias significa "O meu Deus é Jeová",[1] e ele vivia de acordo com seu nome. Elias deu ao rei Acabe uma previsão do tempo que não foi solicitada. "Juro pelo nome do Senhor, o Deus de Israel, a quem sirvo, que não cairá orvalho nem chuva nos anos seguintes, exceto mediante a minha palavra" (1Reis 17:1).

O ataque de Elias foi bem calculado. Baal era o deus da fertilidade dos pagãos, o deus a quem recorriam para ter chuva e campos férteis. Ele, então, convocou um duelo entre o Deus verdadeiro de Israel contra o deus falso dos pagãos. Como Elias poderia ter tanta confiança em uma seca iminente? Porque ele tinha orado.

Nove séculos depois, as orações de Elias foram usadas como modelo.

> [...] a oração de um justo é poderosa e eficaz. Elias era humano como nós. Ele orou fervorosamente para que não chovesse, e não choveu sobre a terra durante três anos e meio. Orou outra vez, e o céu enviou chuva, e a terra produziu os seus frutos". (Tiago 5:16-18)

Tiago estava impressionado com o fato de tanto poder ter vindo de uma pessoa tão comum. "Elias era humano como nós" (Tiago 5:17), mas suas orações foram ouvidas porque ele orou, não de forma eloquente, mas de modo sincero. Essa não foi uma oração casual ou confortável, mas sim uma oração radical. "Faça o que for necessário, Senhor", Elias rogou, "mesmo que isso signifique que não haja água".

> Acabe convocou então todo o Israel e reuniu os profetas no monte Carmelo. Elias dirigiu-se ao povo e disse: 'Até quando vocês vão oscilar para um lado e para o outro? Se o Senhor é Deus, sigam-no; mas, se Baal é Deus, sigam-no'. O povo, porém, nada respondeu". (1Reis 18:20-21)

Elias colocou os 450 profetas de Baal e os israelitas em uma postura de decisão: por quanto tempo vocês vão oscilar para um lado e para o outro? A palavra traduzida por "oscilar" é a exatamente a palavra hebraica usada posteriormente para "dançou" (v. 26). Por quanto tempo vocês farão essa dança? Vocês dançam com Deus e depois dançam com Baal. Até quando isso continuará?

O que acontece em seguida é uma das histórias mais sublimes da Bíblia. Elias disse aos 450 profetas de Baal:

> Vocês peguem um touro, e eu pegarei um touro. Vocês constroem um altar e eu construirei um altar. Vocês pedem ao seu deus para mandar fogo e eu pedirei ao meu Deus para mandar fogo. O Deus que responder com fogo é o Deus verdadeiro".

Os profetas de Baal concordaram e agiram primeiro.

"Ao meio-dia Elias começou a zombar deles. 'Gritem mais alto!', dizia, 'já que ele é um deus. Quem sabe está meditando, ou ocupado, ou viajando. Talvez esteja dormindo e precise ser despertado" (v. 27).

(Elias seria reprovado em um curso de diplomacia). Mesmo com os profetas de Baal cortando a si mesmos e delirando por toda a tarde, nada aconteceu. Finalmente Elias pediu a vez. Por três vezes, ele derramou sobre o altar quatro jarros d'água (lembre-se de que era uma época de seca). Depois, orou:

> [...] Ó Senhor, Deus de Abraão, de Isaque e de Israel, que hoje fique conhecido que tu és Deus em Israel e que sou o teu servo e que fiz todas estas coisas por ordem tua. Responde-me, ó Senhor, responde-me, para que este povo saiba que tu, ó Senhor, és Deus, e que fazes o coração deles voltar para ti". (vv. 36-37)

Observe como Deus respondeu rapidamente:

> Então o fogo do Senhor caiu e queimou completamente o holocausto, a lenha, as pedras e o chão, e também secou totalmente a água na valeta. Quando o povo viu isso, todos caíram prostrados e gritaram: "O Senhor é Deus! O Senhor é Deus!" (vv. 38-39)

Não se fez nenhum pedido para mandar fogo. Bastou revelar o coração do profeta e pronto! O altar estava em chamas. Deus se agradou de ouvir a oração de Elias e também se alegra em ouvir a sua oração.

Mas por quê? Por que a nossa oração importa? Nós nem conseguimos fazer o encanador retornar a ligação, então, por que Deus escutaria nossas ideias?

A razão é simples. Sua oração interessa para Deus porque você é importante para ele. Você não é uma pessoa qualquer; como vimos no capítulo anterior, você é filho dele.

Tenho um amigo que é dono de um negócio bem-sucedido que conta com mais de quinhentos funcionários em uns doze estados. Ele dá valor a cada um deles, mas, ainda assim, trata três de seus trabalhadores com parcialidade, pois são seus filhos. Ainda que ouça todos os pedidos, ele ouve os deles de forma mais especial, uma vez que estão sendo treinados para administrar os negócios da família.

O mesmo acontece com você. Quando Deus o salvou, ele também o alistou. Ele não lhe deu somente perdão, mas também autoridade no presente e uma vocação no futuro.

Esta vida é um treinamento prático para a eternidade. Deus está preparando você para reinar com ele no céu. "se perseveramos, com ele também reinaremos" (2Timóteo 2:12). Nós reinaremos sobre a terra (Apocalipse 5:10). Fazemos parte da família de Deus. O negócio da família é governar o universo. Quando os filhos do meu amigo pedem a ele: "Podemos abrir uma filial em Topeka?" ou "Podemos acrescentar um novo produto ao nosso catálogo?", ou, ainda, "O que você acha de contratarmos um novo contador?", o pai escuta. Ele tem um interesse envolvido no desenvolvimento deles. Nosso Pai tem um interesse envolvido no nosso desenvolvimento. Quando você, como filho de Deus, busca honrar os negócios da família, Deus atende aos seus pedidos.

"Deus, conceda-me uma fé mais profunda para que eu possa te servir".

"Deus, por favor, conceda minha promoção para que eu possa te honrar".

"Deus, mostre-me onde podemos viver e glorificar o teu nome da melhor maneira".

"Deus, dá me um cônjuge para que eu possa te servir melhor".

Deus ouve essas orações logo que são proferidas. Por quê? Porque elas vêm de um filho seu.

Será que Deus fará o que você pedir? Talvez. Ou talvez ele faça mais do que você imaginou. Ele sabe o que é melhor, então, firme-se bastante nessa promessa: "A oração de um justo é poderosa e eficaz" (Tiago 5:16). Se nunca lhe faltar oração, nunca lhe faltará esperança.

Uma ilustração dramática dessa promessa pode ser vista entre os cristãos da Rússia. Por oito décadas do século XX, os cristãos na Rússia experimentaram uma perseguição sistemática por parte do governo comunista. Os professores teriam de mostrar uma Bíblia e perguntar aos alunos do jardim de infância se eles viram esse livro em sua casa. Se algum aluno respondesse afirmativamente, um oficial do governo visitaria a família. Os pastores e os leigos eram presos, e não se ouvia mais falar neles. O governo exigia que os pastores visitassem seus escritórios uma vez por semana para informar sobre novos visitantes e exigia-se que eles apresentassem os temas das pregações para que fossem aprovados.

Esse era o mundo no qual um homem chamado Dimitri colocou em prática a sua fé. Ele e a sua família viviam em uma pequena vila a quatro horas de Moscou. A igreja mais próxima ficava a três dias de caminhada, tornando impossível para eles frequentarem a igreja mais que duas vezes por ano.

Dmitri começou a ensinar histórias e versículos bíblicos para sua família. Os vizinhos ficaram sabendo das aulas e quiseram participar. Quando o grupo cresceu para um número de 25 pessoas, os oficiais descobriram e exigiram que ele parasse, mas ele se recusou. Quando o grupo alcançou cinquenta pessoas, Dmitri foi demitido da fábrica, sua esposa foi demitida da escola onde trabalhava como professora, e seus filhos foram expulsos da escola.

Mas ele ainda continuou. Quando a reunião aumentou para 75 pessoas, não havia mais espaço na casa dele, mas os moradores da vila se apertavam em cada canto e se aproximavam das janelas para que ouvissem esse homem de Deus ensinando. Certa noite, um grupo de soldados invadiu a reunião. Um deles agarrou Dmitri e deu-lhe dois tapas no rosto, depois o orientou a parar para que não lhe acontecesse algo pior.

Quando o oficial estava saindo, uma pequena avó bloqueou seu caminho e colocou o dedo em riste no seu nariz: "Você pôs as mãos em um homem de Deus e não sobreviverá!"

Dentro de dois dias, o oficial morreu em decorrência de um ataque cardíaco.

O temor de Deus se espalhou, e 150 pessoas compareceram à reunião seguinte naquela casa. Dmitri foi preso e condenado a dezessete anos de prisão.

Sua cela na prisão era tão pequena que ele só precisava dar um passo para chegar à parede. Ele era o único cristão entre cerca de quinhentos prisioneiros. Os oficiais o torturaram e os prisioneiros zombavam dele, mas ele nunca desistiu.

Todos os dias ao amanhecer Dmitri se levantava da cama, voltava-se para o leste, levantava as mãos para Deus e cantava uma canção de louvor. Os outros prisioneiros zombavam, mas ele cantava mesmo assim.

Sempre que encontrava um pedaço de papel, ele escrevia de memória algum versículo ou uma história, e, quando o papel estava completamente escrito, ele levava para o canto da cela e fixava em uma coluna úmida como um sacrifício a Jesus. Os oficiais frequentemente encontravam os papéis, os tiravam de lá e espancavam Dmitri, mas ele adorava mesmo assim.

Isso prosseguiu por dezessete anos. Em dado momento, Dmitri quase negou a fé quando os guardas o convenceram de que sua mulher tinha sido assassinada e que seus filhos eram guardas do governo.

Dmitri não conseguia suportar essa ideia e concordou em abandonar sua fé em Cristo. Os guardas disseram-lhe que voltariam no dia seguinte com um documento e tudo o que tinha a fazer era assiná-lo para que, então, fosse solto.

Os oficiais tinham a certeza da vitória, mas o que eles não sabiam era que, quando as pessoas que creem oram, coisas grandes acontecem.

Os cristãos estavam orando por Dmitri, e a mil quilômetros dali, naquela noite, a família dele sentiu um peso de oração especial para orar por ele. Eles ajoelharam em roda e intercederam com fervor para que Deus o protegesse. Deus permitiu de forma milagrosa que Dmitri ouvisse as vozes dos seus entes queridos enquanto oravam e ficou sabendo que eles estavam a salvo.

Na manhã seguinte, quando os guardas vieram colher sua assinatura, eles viram um homem renovado, com o rosto calmo e os olhos decididos. "Não assinarei nada!", ele lhes disse. "Nesta noite, Deus permitiu que eu ouvisse a voz de minha mulher e de meus filhos orando por mim. Vocês mentiram para mim! Agora sei que minha mulher está viva e bem fisicamente e sei que meus filhos estão com ela. Sei também que eles todos ainda estão com Cristo, por isso não assinarei nada!"

Os oficiais o espancaram e ameaçaram executá-lo, mas a determinação de Dmitri era cada vez maior. Ele ainda cultuava pelas manhãs e afixava versículos na coluna. Por fim, as autoridades não aguentaram mais e arrastaram Dmitri da sua cela pelo corredor no centro da prisão para o local de execução. Enquanto faziam isso, 1500 criminosos levantaram as mãos e começaram a cantar o hino de louvor que ouviam Dmitri cantar a cada manhã.

Os carcereiros o largaram, recuaram um passo e disseram: "Quem é você?"

"Eu sou filho do Deus vivo, e o nome dele é Jesus!"

Dmitri foi levado de volta a sua cela e, algum tempo depois, foi solto e voltou à sua família.[2]

Provavelmente você nunca esteve em uma prisão russa, mas pode estar em uma situação impossível. Você se sentirá em desvantagem numérica e vencido. Você desejará desistir. Seria muito pedir ou implorar a você que memorize esta promessa e peça a Deus que a relembre nesse dia? Escreva em um local de fácil acesso. Faça uma tatuagem; se não tatuar na pele, tatue no seu coração: "A oração de um justo é poderosa e eficaz" (Tiago 5:16).

A oração não é o último recurso, e sim o primeiro passo. Deus tem um poder que você nunca viu, uma força que você nunca conheceu, e se agradou e respondeu a oração de Elias. Deus se agradou e ouviu as orações de Dmitri e de sua família. Ele também se agrada e ouvirá a nossa oração.

Agora, se me permite, tenho que cuidar de alguns negócios. Tenho que dar uma olhada na RE/MAX, na CarMax e na Lotto Max. Não é fácil acompanhar todas essas empresas.

CAPÍTULO 6

GRAÇA PARA O HUMILDE

> Deus se opõe aos orgulhosos, mas concede graça aos humildes.
> — 1 Pedro 5:5

Quando não estava voando em seu jato particular cruzando o Atlântico ou assistindo ao sol se pôr do convés de um de seus iates, ele estava tendo uma vida de luxo dentro de sua cobertura de 900 m² na Avenida Lexington, na cidade de Nova York.

Seu iate Bull custava sete milhões de dólares. Seu jato custava 24 milhões. Ele tinha uma casa na França, uma casa de praia em Montauk e uma casa em Palm Beach. Tinha barcos e carros. Sua esposa tinha casacos de pele e bolsas de designers famosos, porcelanas Wedgewood e faqueiros Christofle. Quanto à decoração, ela não media despesas. Apliques de ouro contornavam o papel de parede, tapetes da Ásia central cobriam os pisos, e estátuas gregas e egípcias competiam pela aprovação dos convidados.

Todos queriam conhecê-lo. Pessoas como Steven Spielberg e Elie Wiesel faziam fila para apertar sua mão. Entrar em seu escritório em Manhattan significava entrar no epicentro do sucesso nos investimentos.

Ou é o que parecia até a manhã de 10 de dezembro de 2008, quando terminou a charada. Esse foi o momento em que Bernie Madoff, o corrupto mais infame dessa geração, sentou-se com sua mulher e dois filhos e confessou que era uma "pirâmide gigantesca... simplesmente uma grande mentira".[1]

Nos dias, semanas e meses que seguintes, os detalhes espantosos foram divulgados. Madoff tinha orquestrado um jogo das tampinhas de vinte anos, o maior crime financeiro da história norte-americana. Ele havia fraudado bilhões de dólares das pessoas.

Sua queda foi de proporções bíblicas. A curto prazo, perdeu todos os bens, ficou sem dinheiro, sem futuro, sem família. Um dos filhos suicidou-se, a esposa foi presa, e ele, então com setenta anos, foi condenado a passar o resto da sua vida como o prisioneiro número 61727-054 no Complexo de Correção Federal de Butner, na Carolina do Norte.

Por que Bernie Madoff fez isso? O que faz um homem viver uma mentira por décadas? Qual era seu bem maior?

Em uma palavra: status. De acordo com um biógrafo:

> Quando era pequeno, ele foi desprezado e humilhado pelo que era visto como um intelecto inferior... Ele foi rejeitado por uma garota atrás da outra... relegado a menos aulas e menos escolas...
>
> Mas ele era ótimo para ganhar dinheiro, e com isso veio a reputação que antes tinha sido negada a ele.[2]

Reputação. Madoff era viciado em adulação e amava ser reconhecido. Ele queria o aplauso das pessoas, e o dinheiro era o seu modo de recebê-lo. Ele subiu com cotoveladas e arranhões até o topo da montanha somente para perceber que o pico é escorregadio e cheio de gente. Se ele pelo menos conhecesse essa promessa: "Deus se opõe aos orgulhosos, mas concede graça aos humildes"! (1Pedro 5:5)

A história dele é um exemplo dessa passagem, mas, se você quiser ver um retrato ainda mais dramático da decadência do orgulho, abra sua Bíblia no livro de Daniel e leia a história de Nabucodonosor. O dinheiro e a queda de Madoff é insignificante em comparação com os bens imensos e a rápida queda livre do rei da antiga Babilônia.

Ele derrotou Jerusalém em 605 a.C., e entre os cativos hebreus estavam quatro jovens: Daniel, Sadraque, Mesaque e Abede-nego. Depois de alguns anos, ele construiu uma estátua de ouro de 27 metros de altura em sua honra e ordenou que as pessoas se prostrassem diante dela. Sadraque, Mesaque e Abede-Nego se recusaram a fazer isso. Então, o rei aqueceu a fornalha sete vezes acima da temperatura normal e lançou-os no fogo. Quando eles saíram ilesos, o rei ficou admirado; mas será que o rei Nabucodonosor se humilhou?

Infelizmente não.

Os anos se passaram, e Nabucodonosor estava desfrutando de um tempo de paz e prosperidade. Seus inimigos foram mantidos sob controle e sua riqueza estava a salvo. Ainda assim, em meio a tudo isso, ele teve um sonho. Seus adivinhos não conseguiam explicá-lo, mas Daniel conseguiu. Nabucodonosor descreveu o sonho:

> [...] Olhei, e diante de mim estava uma árvore muito alta no meio da terra. A árvore cresceu tanto que a sua copa encostou no céu; era visível até os confins da terra. Tinha belas folhas, muitos frutos, e nela havia alimento para todos. Debaixo dela os animais do campo achavam abrigo, e as aves do céu viviam em seus galhos; todas as criaturas se alimentavam da árvore. (Daniel 4:10-11)

Nabucodonosor prosseguiu descrevendo como a árvore foi cortada por um mensageiro do céu. Os galhos foram cortados e os frutos, espalhados, restando apenas um toco. Então a voz do céu fez um anúncio:

> Deixem o toco e as suas raízes, presos com ferro e bronze; fique ele no chão, em meio a relva do campo. "Ele será molhado com o orvalho do céu e com os animais comerá a grama da terra. A mente humana lhe será tirada, e ele será como um animal, até que se passem sete tempos. (vv. 15-16)

Daniel escutou o sonho e engoliu em seco, pois estava admirado e perturbado com aquilo que ouviu.

Até aquele momento na história, Nabucodonosor era incomparável. Ele era o governante indiscutível do mundo. A Babilônia erguia-se das planícies do deserto como o horizonte de Manhattan. Os Jardins Suspensos da Babilônia, que ele construiu para a esposa, era uma das Sete Maravilhas do Mundo Antigo. As muralhas do seu palácio real eram de quase cem metros de altura e quase 25 metros de espessura.[3] Duas carruagens de quatro cavalos poderiam passar juntas sobre eles.[3] O rio Eufrates corria pela cidade. Durante os 43 anos de governo de Nabucodonosor, a população da grande Babilônia chegou a meio milhão de pessoas.[4] O rei era uma mistura de barão do petróleo, rei e investidor bilionário. Se estivesse vivo atualmente, dominaria a lista *Forbes* de milionários.

Mas tudo isso estava quase chegando ao fim.

Daniel disse a ele:

> [...] essa árvore, ó rei, és tu! [...] Tu serás expulso do meio dos homens e viverás com os animais selvagens; comerás capim como os bois e te molharás com o orvalho do céu. Passarão sete tempos até que admitas que o Altíssimo domina sobre os reinos dos homens e os dá a quem quer. A ordem para deixar o

> toco da árvore com as raízes significa que o teu reino te será devolvido quando reconheceres que os Céus dominam. (vv. 22, 25-26)

Nabucodonosor achava que estava no controle. Ele acreditava que administrava seu mundo, talvez o mundo todo.

Daniel advertiu-o para que se arrependesse: "Portanto, ó rei, aceita o meu conselho: Renuncia a teus pecados e à tua maldade, pratique a justiça e tenha compaixão dos necessitados. Talvez, então, continues a viver em paz. (v. 27)

Mas será que Nabucodonosor mudou?

> Doze meses depois, quando o rei estava andando no terraço do palácio real da Babilônia, disse: "Acaso não é esta a grande Babilônia que eu construí como capital do meu reino, com o meu enorme poder e para a glória da minha majestade?" (vv. 29-30)

Deus deu ao rei mais um ano para descer do seu trono pomposo, mas ele não fez isso. Ah, a proliferação de pronomes na primeira pessoa: "Eu construí", "meu enorme poder", "minha majestade". O rei só pensava em si mesmo.

Deus lhe enviou pelo menos três mensagens. A mensagem da fornalha ardente: *O Deus Jeová é maior do que o fogo*. A mensagem do sonho: *A árvore imensa de hoje é o toco feio de amanhã*. O aviso de Daniel: *Humilhe-se antes que seja tarde demais*.

Nabucodonosor não quis escutá-las.

> As palavras ainda estavam nos seus lábios quando veio do céu uma voz que disse: "É isto que está decretado quanto a você, rei Nabucodonosor: Sua autoridade real lhe foi tirada. Você será expulso do meio dos homens, viverá com os animais selvagens e comerá capim como os bois". (vv. 31-32)

O rei tornou-se uma versão antiga de Howard Hughes: unhas como garras, cabelo desalinhado, uma visão bem animalesca.

> [...] Ele foi expulso do meio dos homens e passou a comer capim como os bois. Seu corpo molhou-se com o orvalho do céu, até que os seus cabelos e pelos cresceram como as penas de uma águia, e as suas unhas como as garras de uma ave. (v. 33)

Quando algum poderoso cai, a queda é gigantesca. Em um minuto ele estava na capa da revista *Time*; no outro, ele foi banido como uma criatura enjaulada, e nós aprendemos uma lição: Deus abomina o orgulho.

> Você conhece alguém que se julga sábio?
> Há mais esperança para o insensato do que para ele. (Provérbios 26:12)

> Ai dos que são sábios aos seus próprios olhos e inteligentes em sua própria opinião. (Isaías 5:21)

> O Senhor detesta os orgulhosos de coração. Sem dúvida serão punidos. (Provérbios 16:5)

> [...] Odeio o orgulho e a arrogância, o mau comportamento e o falar perverso. (Provérbios 8:13)

> Quando vem o orgulho, chega a desgraça... (Provérbios 11:2)

Qual a razão dessas palavras fortes? Por que a condenação geral? Como explicamos a abominação de Deus ao coração altivo?

A resposta é simples. Deus resiste ao soberbo porque o soberbo resiste a Deus. A arrogância endurece o joelho para não se humilhar, e o coração para que não reconheça o pecado. O coração orgulhoso nunca confessa, nunca se arrepende, nunca pede perdão. Na verdade, o arrogante nunca sente a necessidade de perdão. O orgulho é o recife escondido que faz naufragar a alma.

O orgulho não impede somente a reconciliação com Deus, ele impede também a reconciliação com as pessoas. Quantos casamentos foram esmagados debaixo do peso do orgulho insensato? Quantos pedidos de perdão não foram feitos por causa da falta de humildade? Quantas guerras brotaram do solo rochoso da arrogância?

O preço do orgulho é alto. Não pague esse preço. Em vez disso, prefira firmar-se na oferta da graça: "[...] Deus se opõe aos orgulhosos, mas concede graça aos humildes" (1Pedro 5:5). Com a mesma intensidade que Deus odeia a arrogância, ele ama a humildade. Não é fácil perceber a razão? A humildade alegra-se em fazer o que o orgulho não faz. O coração humilde é rápido em reconhecer a necessidade de Deus, interessado em confessar o pecado e disposto a prostrar-se diante da poderosa mão do céu.

Deus tem um lugar especial para o humilde de coração.

> Embora esteja nas alturas,
> o Senhor olha para os humildes,
> e de longe reconhece os arrogantes. (Salmos 138:6)

> Pois assim diz o Alto e Sublime, que vive para sempre, e cujo nome é santo: "Habito num lugar alto e santo, mas habito também com o contrito e humilde de espírito, para dar novo ânimo ao espírito do humilde e novo alento ao coração do contrito. (Isaías 57:15)

Encontramos uma liberdade maravilhosa na floresta da humildade. Percebi isso há algum tempo quando me sentei em uma roda. Éramos vinte pessoas. Um esteticista estava sentado à minha direita. Um advogado à minha esquerda. Um companheiro usava tatuagem, outro um terno de flanela cinza. Um chegou em uma moto Harley, alguns chegaram mal-humorados. Estavam representadas todas as idades, ambos os sexos, várias raças. Éramos um grupo variado. Com uma exceção: nada tínhamos em comum.

Mas essa exceção era importante. Todos nós éramos réus confessos. Todos nós éramos infratores. Cada pessoa na sala tinha recebido um pedaço de papel de um oficial com uniforme. Então nos sentamos em uma aula de direção defensiva.

Tinha temido esse dia por toda a semana. Quem quer passar um sábado com uma sala cheia de estranhos relendo o Manual do Motorista do Texas? Mas fiquei surpreso. Depois de pouco tempo, sentíamo-nos como amigos. A afinidade começou com as apresentações. Seguindo a ordem da roda, compartilhamos nossos nomes e nossas confissões.

"Eu sou o Max. Dirigi a 70 quilômetros por hora em uma área cuja velocidade máxima permitida era de 50 quilômetros por hora".

"Eu sou a Sue. Fiz um retorno ilegal".

"Oi, eu sou o Bob. Fui pego ultrapassando em uma zona de ultrapassagem proibida".

Enquanto cada um falava, as outras pessoas acenavam com a cabeça, gemiam e choramingavam. Sentimos um a dor do outro.

Sem máscaras, nem faz-de-conta, nem jogos, nem desculpas. As roupas foram inspecionadas na porta. O fingimento foi deixado em casa. As charadas e a farsa eram desnecessárias. Deveríamos admitir nossos fracassos e aproveitar o dia. Então foi isso que fizemos, e a humildade trouxe alívio. Esse foi o plano de Deus o tempo todo.

Deus dá graça ao humilde porque este sente a necessidade da graça.

Imagino se você estaria disposto a juntar-se a mim numa oração de arrependimento, arrependimento da arrogância. O que teríamos feito que Deus não fez primeiro? O que temos que Deus não tenha nos dado? Algum de nós já construiu alguma coisa que Deus não possa destruir? Já criamos algum monumento que o Mestre das estrelas não possa reduzir a pó?

> "Com quem vocês vão me comparar?
> Quem se assemelha a mim?", pergunta o Santo.
> Ergam os olhos e olhem para as alturas.
> Quem criou tudo isso?
> Aquele que põe em marcha cada estrela do seu exército celestial,
> e a todas chama pelo nome.
> Tão grande é o seu poder e tão imensa a sua força,
> que nenhuma delas deixa de comparecer! (Isaías 40:25-26)

Gosto da piada do homem arrogante que desejou questionar a preeminência de Deus. Ele olhou para o céu e declarou: "Eu posso fazer o que você faz! Posso criar uma pessoa do pó! Entendo os sistemas da vida e da ciência!

Deus aceitou a oferta: "Tudo bem", ele disse ao tolo. "Vejamos o que você pode fazer".

O homem se agachou e pegou um punhado de pó, mas, antes que continuasse, Deus o interrompeu: "Pensei que pudesse fazer o que eu fiz".

"Sim, eu posso!"

"Então", Deus instruiu, "pegue o seu próprio pó".

A humildade é saudável porque é honesta.

Há algum tempo, eu dividi uma ministração com o músico Michael W. Smith em um fim de semana em Asheville, Carolina do Norte. O retiro foi feito no The Cove, uma propriedade linda que pertence à Associação Evangelística Billy Graham e é mantida por ela.

Há poucas horas do evento, Michael e eu nos reunimos para combinar a programação do fim de semana, mas ele estava tão emocionado com o que acabava de passar, que mal conseguia conversar sobre o retiro: ele havia acabado de conhecer Billy Graham. O conhecido evangelista tinha, naquela época, 94 anos. Os seus pensamentos se voltaram ao que poderia ser dito sobre ele em seu enterro. Ele disse ao Michael que esperava que o seu nome não fosse mencionado.

"Como?", Michael perguntou.

"Espero que somente o nome do Senhor Jesus seja exaltado".

Billy Graham pregou para 215 milhões de pessoas presentes e para centenas de milhões de pessoas pelos meios de comunicação. Lotou estádios em todos os continentes. Aconselhou a todos os presidentes norte-americanos desde Truman até Obama. Esteve constantemente quase no topo da lista das pessoas mais admiradas pela maioria das pessoas, mesmo assim ele não queria que seu nome fosse mencionado no seu próprio enterro.

Será que, quando percebemos o quanto Deus é extremamente grande, finalmente percebemos o quanto somos pequenos?

Deus é capaz de humilhar aqueles que andam em orgulho, mas pode muito bem usar aqueles que andam em humildade.

O rei Nabucodonosor aprendeu essa lição. Levou sete anos, mas ele chegou lá.

> Ao fim daquele período, eu, Nabucodonosor, levantei os olhos ao céu, e percebi que o meu entendimento tinha voltado. Então louvei o Altíssimo; honrei e glorifiquei aquele que vive para sempre[...]
>
> Agora eu, Nabucodonosor, louvo, exalto e glorifico o Rei dos céus, porque tudo o que ele faz é certo, e todos os seus caminhos são justos. E ele tem poder para humilhar aqueles que vivem com arrogância. (Daniel 4:34, 37)

Quem sabe você queira sublinhar esta última frase: *ele tem poder para humilhar aqueles que vivem com arrogância*. É melhor humilhar-se do que esperar que Deus faça isso com você.

CAPÍTULO 7
DEUS ENTENDE VOCÊ

> [...] temos um sumo sacerdote que [...], como nós, passou por todo tipo de tentação.
>
> — Hebreus 4:15

Em uma tarde formidável de 2008, dois times femininos de softbol universitário — um do Oregon e outro de Washington — enfrentaram-se sob o céu azul da Cordilheira das Cascatas. Dentro de uma grade de ferro e diante de cem torcedores, as duas equipes realizavam um jogo decisivo. A equipe vencedora prosseguiria para as competições eliminatórias da divisão. A perdedora penduraria as luvas e voltaria para casa.

O Western Oregon Wolves era um time reforçado que se orgulhava de suas várias rebatedoras fortes, mas Sara Tucholsky não estava entre elas. Sua média de rebatidas era de 0,153 e só estava jogando porque a campista direita titular tinha perdido uma jogada horas antes. Sara nunca tinha conseguido rebater um *home run*, mas naquele sábado, com dois corredores na base, ela acertou uma bola curva e a fez ultrapassar a grade do campo esquerdo.

Em seu entusiasmo, Sara passou pela primeira base. O técnico gritou para que ela voltasse e a tocasse. Quando se virou e começou a retornar, algo estalou no seu joelho e ela caiu. Mesmo assim, Sara se arrastou de volta para a bolsa de lona, encolheu o joelho rumo ao peito com dor e perguntou para o técnico da primeira base: "O que eu faço?"

O árbitro não sabia o que fazer. Ele sabia que se os colegas a ajudassem, ela teria que sair da partida. Se tentasse se levantar, Sara sabia que cairia novamente. O time não podia ajudá-la. A perna não conseguia sustentá-la. Como ela poderia cruzar a base final? Os árbitros se reuniram para conversar.[1]

Enquanto eles se reúnem, Sara geme. Posso fazer uma comparação? Por ser pregador, eu vejo um exemplo nesse instante. Eu e você temos muito em comum com a Sara Tucholsky. Nós, também, tropeçamos. Não no beisebol, mas na vida. Na vida moral, na honestidade, na integridade. Fazemos o nosso melhor, mas só conseguimos tropeçar e cair. Nosso melhor esforço nos faz cair no chão. Do mesmo modo que Sara, estamos fragilizados, não com os ligamentos rompidos, mas com o coração partido, desanimados e com a visão cada vez pior. A distância entre o lugar em que estamos e aonde queremos chegar é intransponível. O que fazemos? A quem recorremos?

Minha sugestão é que recorramos às promessas mais doces:

> Pois não temos um sumo sacerdote que não possa compadecer-se das nossas fraquezas, mas sim alguém que, como nós, passou por todo tipo de tentação, porém, sem pecado. Assim, aproximemo-nos do trono da graça com toda a confiança, a fim de recebermos misericórdia e encontrarmos graça que nos ajude no momento da necessidade. (Hebreus 4:15-16)

Temos um sumo sacerdote que é capaz de nos entender e, por essa razão, encontramos misericórdia e graça quando precisamos. Não fomos abandonados para definharmos sozinhos. Quando caímos, não somos esquecidos. Quando tropeçamos, não somos abandonados. Nosso Deus fala a nossa língua.

Os manuais teológicos analisam essa promessa sob o título "Encarnação". A ideia incrível é simplesmente esta: Deus, por um tempo, se tornou um de nós. "Aquele que é a Palavra tornou-se carne e viveu entre nós. Vimos a sua glória, glória como do Unigênito vindo do Pai, cheio de graça e de verdade" (João 1:14).

Deus se fez carne na pessoa de Jesus Cristo. Ele foi concebido milagrosamente, mas veio ao mundo em um parto natural, nascendo de uma virgem.

Se Jesus simplesmente descesse à terra na forma de um ser poderoso, nós o respeitaríamos, mas nunca nos aproximaríamos dele. Afinal de contas, como Deus poderia entender a vida de um ser humano na prática?

Se Jesus tivesse sido concebido biologicamente de dois pais terrenos, nós nos aproximaríamos dele, mas será que iríamos querer adorá-lo? Afinal de contas, ele não seria diferente de mim nem de você.

Mas, se Jesus era os dois — Deus e homem ao mesmo tempo — então temos o melhor dos dois mundos. Nem a divindade nem a humanidade se prejudicam. Ele era totalmente humano e totalmente divino. Por sua humanidade nós nos aproximamos e por sua divindade nós o adoramos.

Esta é a mensagem de Colossenses 1:15-16:

> Ele é a imagem do Deus invisível, o primogênito de toda a criação, pois nele foram criadas todas as coisas nos céus e na terra, as visíveis e as invisíveis, sejam tronos ou soberanias, poderes ou autoridades; todas as coisas foram criadas por ele e para ele.

Nem uma gota de divindade se perdeu na mudança para a humanidade. Apesar de Jesus surgir como homem, ele era realmente Deus. A plenitude de Deus, em todos os aspectos, habitava no corpo de Cristo: "Pois foi do agrado de Deus que nele habitasse toda a plenitude" (Colossenses 1:19). Por um tempo, o criador das estrelas fazia móveis em Nazaré.

Jesus pode ter parecido humano, mas aqueles que lhe eram chegados sabiam que ele tinha o costume de proferir expressões divinas. Com grande frequência, Jesus deixava a sua divindade prevalecer, e as pessoas ao redor não tinham opção senão recuar e perguntar: "[...] Quem é este que até os ventos e o mar lhe obedecem?" (Mateus 8:27).

Há alguns anos eu trabalhei durante uma semana como professor em um retiro bíblico. Tenho muitas recordações desse evento. A comida era fenomenal. O cenário litorâneo era espetacular. Fiz muitas amizades novas; mesmo assim, dentre todas as lembranças, aquela de que jamais me esquecerei foi a do jogo de basquete da sexta à noite.

A ideia surgiu na hora em que David chegou. Os participantes não sabiam de sua vinda, mas, logo que ele entrou na sala, eles souberam quem ele era: David Robinson, estrela da NBA, eleito MVP[1]. Participou três vezes da seleção olímpica norte-americana, foi campeão da NBA duas vezes, e foi um dos melhores jogadores do basquete universitário. Dois metros e dezesseis centímetros de puro talento, de boa forma física e habilidades bem desenvolvidas. Ele era uma verdadeira lenda do basquete!

No final do primeiro dia, alguém me perguntou: "Será que dava para ele jogar basquete conosco?" Nessa frase, "nós" referia-se a um grupo de companheiros gorduchos, de meia idade, de boas intenções, porém fora de forma, de corpos flácidos, com habilidades de dar dó e com o conhecimento do basquete menor que o de um esquilo.

Mesmo assim, eu fiz a pergunta ao David, e ele, em um gesto de pura compreensão, aceitou.

Programamos o jogo, o grande jogo, para a sexta à noite, a última do seminário. A frequência às aulas bíblicas diminuiu, ao passo que

---

[1] N. do E.: MVP se refere à *Most Valuable Player* — Jogador Mais Valioso em livre tradução —, prêmio que, nos jogos de basquete, principalmente nos Estados Unidos, é concedido ao jogador de melhor desempenho na competição.

a presença na quadra de basquete aumentou. Indivíduos que não tinham batido uma bola de basquete desde o ensino fundamental eram vistos ensaiando vários chutes na cesta, que dificilmente passavam perto da rede.

Na noite do jogo, o grande jogo, David entrou na quadra pela primeira vez na semana. Enquanto se aquecia, todos os outros paravam. A bola encaixava na mão dele como uma bola de tênis se encaixa na minha. Ele conversava calmamente enquanto batia a bola, girava-a sobre um dedo e passava a bola por trás de si. Quando o jogo começou, éramos como crianças perto do David. Ele pegou leve, dava para perceber, mas, mesmo assim, cada passo dele valia por dois nossos. Ele pegava a bola com uma mão só em vez de duas e, quando ele a lançava, parecia mais um lançamento de míssil do que um passe. Ele jogou basquete a um nível com o qual só poderíamos sonhar.

Em dado momento – só para se divertir, suponho – ele se descontraiu. O mesmo homem que fez mais enterradas que Michael Jordan e Charles Barkley pegou gosto pelo jogo. Acho que ele não conseguiu segurar mais. Com três passos, ele corria do meio da quadra até o aro. Os adversários gorduchos e de meia idade abriam alas para que ele passasse com a cabeça ao nível da cesta e enterrasse a bola com uma força que deixava a tabela tremendo.

Engolimos em seco.

David sorria.

Entendemos a mensagem. É assim que se deve jogar. Podíamos estar na mesma quadra, mas não tínhamos o mesmo poder.

Acho que os seguidores de Jesus devem ter pensado de forma parecida no dia em que Jesus ordenou aos demônios que saíssem do homem endemoniado e eles obedeceram. Também no dia em que Jesus ordenou que a tempestade se acalmasse e ela obedeceu, e nos dias quando Jesus disse para o homem morto que ressuscitasse, que a menina morta sentasse e que Lázaro saísse do túmulo e eles obedeceram.

"Foi do agrado de Deus que nele habitasse toda a plenitude" (Colossenses 1:19). Jesus era pura divindade.

Não é à toa que ninguém discutiu quando ele declarou: "Foi-me dada toda a autoridade no céu e na terra" (Mateus 28:18).

Você acha que a lua afeta as marés? Isso é verdade, mas Cristo controla a lua. Você acha que os Estados Unidos são uma superpotência? Os Estados Unidos só têm o poder que Cristo lhes dá e nada mais. Ele tem autoridade sobre tudo e sempre a teve.

Mesmo assim, apesar dessa posição sublime, Jesus estava disposto, por um tempo, para abrir mão dos privilégios da divindade e fazer parte da humanidade.

Ele nasceu como todos os outros bebês. A infância dele foi comum. "Jesus ia crescendo em sabedoria, estatura e graça diante de Deus e dos homens" (Lucas 2:52). O corpo dele se desenvolveu. Os músculos se fortaleceram. Seus ossos se firmaram. Não há prova nem sugestão de que ele foi poupado dos inconvenientes da adolescência. Ele pode ter sido desengonçado ou caseiro. Ele passou pela sensação de músculos doloridos ou pelo ardor do sal em uma ferida aberta. Quando adulto, ele se cansou a ponto de se sentar próximo a um poço (João 4:6) e teve sono o suficiente para cochilar em um barco que balançava (Marcos 4:35-38). Ele ficou com fome no deserto e teve sede na cruz. Quando os soldados pregaram os cravos rasgando a sua pele, mil terminações nervosas clamaram por alívio. Quando ele, fraco como estava, foi pendurado na cruz, dois pulmões humanos rogaram por oxigênio.

O Verbo se fez carne.

Será que essa promessa é importante? Se você se perguntar se em algum momento Deus consegue entender você, a resposta é sim. Quando se questionar sobre se Deus consegue ouvi-lo, pode ter certeza de que sim. Quando meditar se o Criador que não foi criado pode, de algum modo, compreender os desafios que você enfrenta, então reserve um bom tempo para pensar na promessa da encarnação. Jesus compreende as nossas fraquezas, pois "como nós, passou por todo tipo de tentação" (Hebreus 4:15). Aquele que ouve suas orações entende a sua dor e, além disso, nunca despreza nem desconsidera o problema físico, pois teve um corpo humano.

> Você se perturbou no espírito? Ele também se perturbou. (João 12:27)
>
> Você teve alguma ansiedade como se fosse morrer? Ele também. (Mateus 26:38)
>
> Você já ficou sobrecarregado de tristeza? Ele também ficou. (João 11:35)
>
> Você já orou gritando bem alto com lágrimas no rosto? Ele também. (Hebreus 5:7)

Ele entende você.

Ele é tão humano que pode tocar seu povo. Tão poderoso que pode curá-los. Tão humano que falava com sotaque. Tão celestial que falava com autoridade. Tão humano que pôde passar despercebido pela multidão por trinta anos. Tão poderoso é capaz de transformar a história e ainda ser lembrado por dois mil anos. Totalmente homem e totalmente Deus.

Em uma ocasião, eu me banhei no rio Jordão. Em uma viagem a Israel, eu e minha família paramos para ver o local tradicional do batismo de Jesus. Um lugar encantador. Os sicômoros fazem sombra. Os pássaros cantam, a água é convidativa. Então, aceitei o convite e entrei na água para ser batizado.

Ninguém foi comigo, então mergulhei sozinho. Declarei minha fé em Cristo e mergulhei até tocar o fundo do rio. Quando fiz isso, toquei em um pedaço de madeira e puxei para fora. Uma lembrança do batismo! Algumas pessoas recebem diplomas de batismo. Eu gosto do meu pedaço de madeira. Ele é grosso como o pulso, do tamanho do antebraço, e macio como as nádegas de um bebê. Guardo no móvel do meu escritório para mostrar às pessoas cheias de medo.

Quando elas desfilam suas ansiedades sobre a economia ou sobre os seus filhos, eu passo para elas o pedaço de madeira. Digo-lhes o modo pelo qual Deus sujou seus pés na lama do nosso mundo. O modo pelo qual João Batista disse-lhe para permanecer à margem do rio e Jesus não o ouviu. O modo pelo qual ele veio à terra para esse propósito em particular – tornar-se um de nós. "Veja, ele pode ter tocado esse pedaço de madeira!". Gosto de dizer isso!

Quando eles sorriem, eu pergunto: "Já que ele veio tão longe para nos alcançar, não devemos levar nossos medos a ele?" Leia a promessa novamente, lenta e pensativamente.

> Pois não temos um sumo sacerdote que não possa compadecer-se das nossas fraquezas, mas sim alguém que, como nós, passou por todo tipo de tentação, porém, sem pecado. Assim, aproximemo-nos do trono da graça com toda a confiança, a fim de recebermos misericórdia e encontrarmos graça que nos ajude no momento da necessidade. (Hebreus 4:15-16)

Alguns têm recorrido ao fato de Jesus não ter pecado como prova de que ele não consegue nos entender completamente. Se ele nunca pecou, eles argumentam, como poderia entender toda a força do pecado? Isso é simples! Ele o sentiu mais do que nós. Nós cedemos, mas ele nunca cedeu. Nós nos rendemos, mas ele nunca se rendeu. Ele encarou o tsunami da tentação e nunca vacilou. Sendo assim, ele entende mais do que qualquer pessoa que já viveu.

Depois disso, em seu ato mais nobre, ele ofereceu-se para sentir as consequências do pecado. "Deus tornou pecado por nós aquele que não tinha pecado, para que nele nos tornássemos justiça de Deus" (2Coríntios 5:21).

Jesus não mereceu sentir culpa, mas ele sentiu. Ele não mereceu a humilhação, mas passou por ela. Nunca teve pecado, mas mesmo assim foi tratado como pecador. Ele se tornou pecado. Jesus entende toda a culpa, remorso e vergonha.

Será que essa promessa é importante? Para o hipócrita, sim. Para a pessoa com ressaca e uma vaga lembrança da festa da noite anterior, também. Para o traidor, o caluniador, o fofoqueiro ou canalha que vem a Deus com um espírito humilde, isso também é importante, porque precisam saber que podemos ir ousadamente até o próprio trono de Deus e permanecer lá para receber a sua misericórdia e achar a sua graça para "que nos ajude no momento de necessidade" (Hebreus 4:16).

Por Jesus ser humano, ele entende você.

Por ele ser divino, pode ajudar você.

Ele está em uma posição bem diferenciada para nos levar para casa. Jesus faz para nós o que Mallory Holtman fez por Sara Tucholsky. Lembra-se da Sara, a moça que teve uma lesão do ligamento cruzado anterior durante sua caminhada para o *home run*? No momento em que a deixamos, ela estava deitada na areia, agarrando o joelho com uma mão e tocando a primeira base com a outra. Os árbitros se reuniram. Os jogadores levantaram-se e olharam. Os torcedores gritaram para que alguém tirasse Sara do campo, mas ela não queria sair. Ela queria cruzar a base final.

Mallory Holtman apresentou uma solução.

Ela estava jogando na primeira base para o time adversário, Central Washington University. Era veterana e queria uma vitória. Uma derrota seria o fim da temporada. Você pode pensar que Mallory ficaria feliz em ver o *home run* anulado, mas sua reação foi outra.

"Ei", ela disse aos árbitros, "posso ajudá-la a tocar as bases?"

"Por que você faria isso?", alguém perguntou. Antes que pudessem responder, o árbitro deu de braços e disse: "Faça isso!"

Então Mallory a ajudou. Ela fez sinal para a colega que estava entre as bases ajudá-la e as duas caminharam em direção da jogadora machucada. "Vamos levantá-la e carregá-la para casa".

Nesse momento, as lágrimas rolaram pelo rosto de Sara. Ela disse: "Obrigada!"

Mallory e a amiga dela colocaram uma mão sob as pernas de Sara e outra mão sob os braços dela. A missão de misericórdia começou. Eles pararam tempo suficiente na segunda e na terceira base para baixar o pé de Sara para tocar as bases. No momento que chegaram à base final, as pessoas que assistiam estavam de pé, os colegas de Sara se reuniram no local, e ela estava sorrindo como uma rainha que regressava.[2]

Não era para menos. A única pessoa que poderia ajudar, ajudou e, por causa dela, Sara fez o seu *home run*.

Deus se oferece para fazer o mesmo por mim e por você. A mensagem de Mallory para Sara é a mensagem de Deus para nós: "Levantarei você e a carregarei para casa". Convido você a permitir isso. Você não consegue fazer isso sozinho, mas Jesus tem o poder que você não tem. Ele é, afinal, o seu sumo sacerdote, capaz e disposto a ajudá-lo quando você precisar.

Deixe-o fazer o que ele veio fazer. Deixe-o levá-lo para casa.

CAPÍTULO 8

CRISTO ESTÁ ORANDO POR VOCÊ

Jesus [...] está à direita de Deus, e também intercede por nós.

— Romanos 8:34

Poderíamos considerar que as tempestades parariam, afinal de contas, Jesus estava sobre a terra. Ele fez surgir o planeta, inventou o sistema das tempestades e também criou toda a ideia da atmosfera, do vento e da chuva. Podemos supor que, durante o seu tempo na terra, o mundo estaria livre de tempestades, porque Deus teria suspendido as leis da natureza e poupado seu Filho do desconforto de chuvas cortantes e de ventos uivantes.

Ou, pelo menos, podemos supor que Jesus caminharia dentro de uma bolha, como aquela que o papa usa quando passa de carro pelas multidões. Envolver nosso Salvador com um escudo protetor para que ele não se molhe, nem tenha frio, nem medo, nem seja levado pelo vento. Jesus deveria ser poupado das tempestades da vida.

Nós também deveríamos ser assim. Permanece entre as expectativas silenciosas do coração cristão o seguinte pensamento: *Agora que pertenço a Deus, sou dispensado das tribulações da vida. Consegui uma bolha. Os outros passam por tempestades. Eu vivo para ajudá-los, mas enfrentar as minhas tempestades? De jeito nenhum!*

Seguir Jesus é ter uma vida sem tempestades, certo?

Essa expectativa se choca rapidamente com as pedras da realidade. O xis da questão é o seguinte: as tempestades fazem parte da vida. Jesus nos garante: "Neste mundo vocês terão aflições" (João 16:33). As tempestades virão para mim e para você. Elas vieram até mesmo para os primeiros discípulos de Jesus.

> Logo em seguida, Jesus insistiu com os discípulos para que entrassem no barco e fossem adiante dele para o outro lado, enquanto ele despedia a multidão [...] Ao anoitecer, ele estava ali sozinho, mas o barco já estava a considerável distância da terra, fustigado pelas ondas, porque o vento soprava contra ele. (Mateus 14:22-24.)

Às vezes, criamos nossas próprias tempestades. Bebemos demais ou pedimos muito dinheiro emprestado, ou saímos com a turma errada. Com isso, entramos em uma tempestade que nós mesmos provocamos.

Esse não era o caso dos discípulos. Eles estavam no mar agitado pela tempestade porque Cristo fez questão que estivessem lá. "Jesus insistiu com os discípulos para que entrassem no barco". Não se tratava de um Jonas fugindo de Deus, eram discípulos buscando obedecer a Jesus. São os missionários que se mudam para outro país, onde acabam descobrindo que o seu apoio se foi, ou executivos que decidem trabalhar de forma honesta e acabam vendo seus esforços ultrapassados pela concorrência antiética, ou, ainda, um casal que honra a Deus no casamento e fica observando um berço vazio. É um estudante que se prepara, mas não consegue passar na prova, ou os discípulos que saem de barco como

Jesus instruiu para ir direto para uma tempestade. As tempestades vêm para as pessoas que são obedientes, e ainda vêm com um golpe. "[...] o barco já estava a considerável distância da terra, fustigado pelas ondas, porque o vento soprava contra ele" (v. 24).

O ar fresco que cerca as montanhas a leste do mar mistura-se com o ar quente tropical próximo à água. O resultado é uma tempestade. As tempestades podem ser ferozes no Mar da Galileia.

Jesus se despediu dos discípulos ao entardecer. "Depois de terem remado cerca de cinco ou seis quilômetros" (João 6:19), caiu a tempestade. A tarde tornou-se noite, a noite envolveu-se em vento e chuva, e não demorou muito para que o barco estivesse numa feroz montanha russa no mar da Galileia. A viagem de oito quilômetros não deveria durar mais do que uma hora, mas, pela quarta vigília (das três às seis da manhã), os discípulos ainda estavam longe da praia.

Eles merecem crédito. Não deram a volta nem retornaram à praia, persistiram em obediência. Continuaram mergulhando os remos na água e impulsionando a embarcação para cruzar o mar, mas lutavam uma batalha perdida. A tempestade os levou para muito longe da costa, para uma luta bem longa, e para uma desvantagem de tamanho em relação às ondas.

Subamos ao barco com eles. Contemple os rostos deles molhados de chuva. O que você vê? Medo, com certeza. Dúvida? Pode acreditar! Você pode até ouvir uma pergunta como um grito que se sobrepõe ao vento: "Alguém sabe onde Jesus está?"

Essa pergunta não está registrada no texto, mas pode ter sido feita, assim como é feita nos dias de hoje. Quando uma tempestade forte se lança sobre os discípulos obedientes, onde será que Jesus está?

A resposta é clara e surpreende: ele está orando.

Jesus "subiu sozinho a um monte para orar" (Mateus 14:23). Não há indicações de que ele tenha feito algo além disso. Ele não se alimentou, nem conversou. Ele orou. Jesus estava tão determinado a orar que persistiu mesmo com o manto encharcado e com os cabelos desalinhados. Depois de ter servido o dia todo, ele orou a noite toda. Ele sentiu os ventos com a força de um vendaval e a chuva arrepiante. Ele também estava na tempestade, mas mesmo assim continuava a orar.

Ou deveríamos dizer que ele estava em meio à tempestade, *por isso* ele orou? Será que a tempestade era a razão da sua intercessão? Será que o seu modo de agir nessa passagem descreve o seu procedimento padrão: orar pelos seus seguidores? Durante as tempestades, "ele está à direita de Deus, e também intercede por nós" (Romanos 8:34).

O verbo grego usado nesse versículo que é traduzido como "interceder" é um verbo forte. Ele passa o sentido de fazer pedidos específicos ou petições diante de alguém.[1] Festo, governador da Judeia, usou essa palavra grega para *interceder* quando ele falou ao rei sobre o apóstolo Paulo: "Ó rei Agripa e todos os senhores aqui presentes conosco, vejam este homem! Toda a comunidade judaica me fez petições a respeito dele em Jerusalém e aqui em Cesareia, gritando que ele não deveria mais viver" (Atos 25:24).

Biblicamente falando, é isso que os intercessores fazem: trazem petições apaixonadas e específicas diante de Deus.

Reflita sobre esta promessa: Jesus, neste exato momento, no meio da sua tempestade, está intercedendo por você. O Rei do universo está falando a seu favor. Ele está clamando ao Pai celestial. Ele está rogando pela ajuda do Espírito Santo. Ele está defendendo a sua causa para que a bênção lhe seja encaminhada. Você não luta sozinho contra o vento e as ondas. Não cabe a você encontrar uma solução. Você tem o príncipe poderoso e o Advogado mais santo levantando-se por você. Quando Estêvão estava prestes a ser martirizado por sua fé, ele "levantou os olhos para o céu e viu a glória de Deus, e Jesus de pé, à direita de Deus, e disse: 'Vejo o céu aberto e o Filho do homem de pé, à direita de Deus'" (Atos 7:55).

Jesus levantou-se para defender Estêvão.

Já teve alguém se levantando em sua defesa? A resposta é sim. Jesus está de pé neste exato momento, intercedendo ao seu favor.

"Dê forças para a Maria enfrentar essa entrevista de emprego!"

"Conceda ao José a sabedoria necessária para ser um bom pai!"

"Derrote o espírito que busca tirar o sono da Allison".

"Onde está Jesus?" Pedro e a tripulação podem ter se perguntado.

"Onde está Jesus?" perguntam os que estão no leito de dor, os enfraquecidos, os empobrecidos, os sobrecarregados e os solitários.

Onde ele está? Ele está na presença de Deus, orando por nós. Ele lhe diz o que ele disse a Pedro. Sabendo que o apóstolo em pouco tempo seria testado de modo cruel por Satanás, Jesus lhe garantiu: "Mas eu orei por você, para que a sua fé não desfaleça..." (Lucas 22:32).

Jesus orou por Pedro e se levantou em defesa de Estêvão. Ele também promete orar e levantar-se em sua defesa. "Portanto ele é capaz de salvar definitivamente aqueles que, por meio dele, aproximam-se de Deus, pois vive sempre para interceder por eles" (Hebreus 7:25).

Enquanto esquecemos de orar, ele sempre se lembra.

Enquanto estamos cheios de dúvidas, ele está sempre cheio de fé.

Enquanto somos indignos de sermos ouvidos, ele sempre é digno.

Jesus é o sumo sacerdote perfeito e sem pecado. Quando ele fala, todo o céu escuta.

A esperança inabalável representa as primícias dessa promessa. Gostaríamos de conhecer o futuro, mas não o conhecemos. Almejamos ver a estrada à nossa frente, mas não conseguimos. Seria bom que todas as nossas perguntas fossem respondidas, mas Jesus, em vez disso, escolheu nos transmitir a seguinte mensagem: "Orarei por você em meio à tempestade".

As orações de Jesus são respondidas? É claro que são!

Você vai passar por essa tempestade? Acho que você sabe a resposta.

Alguém pode contestar. Se Jesus estava orando, por que sobreveio a tempestade? Será que o intercessor Jesus não garantiria uma vida sem tempestades? Com certeza! Essa vida sem tempestades terá início no reino eterno, mas, enquanto ele não chega, já que este é um mundo decaído e o diabo ainda desperta a dúvida e o medo, é de se esperar que passemos por tempestades, mas nós também podemos contar com a presença e com as orações de Cristo em meio a elas.

Meu amigo Chris passou por uma tempestade quando tinha nove anos de idade. Ele recebeu o diagnóstico de um caso de mononucleose. O médico disse para ele ficar em casa por todo o verão. Chris era um garoto agitado, atlético e extrovertido. Ter a orientação de passar o verão dentro de casa? Sem ter a chance de jogar beisebol na Pequena Liga, de viajar para pescar ou andar de bicicleta? Seria o mesmo que colocar a águia na gaiola!

Isso é uma verdadeira tempestade para uma criança de nove anos.

O pai dele, no entanto, era um homem de fé. Ele decidiu encontrar algo de bom em meio à quarentena. Vendia violões e tocava razoavelmente bem, por isso ele deu um violão ao filho. A cada manhã, ele lhe um novo acorde ou técnica e o mandou praticar todo dia. Chris obedeceu. Ele tinha talento para o violão. No final do verão, Chris já estava tocando músicas do Willie Nelson e começava a compor.

Em poucos dias, ele passou a ministrar adoração nas igrejas e, em algumas décadas, foi considerado "o compositor mais cantado do mundo".[2] Talvez você já tenha ouvido falar de algumas músicas dele: "Quão grande é o meu Deus", *Holy is the Lord* [Santo é o Senhor], *Jesus Messiah* [Jesus Messias].

Não há como negar que Jesus estava orando por Chris Tomlin.

As melhores tentativas do diabo para nos desanimar caem por terra diante da determinação de Deus em moldar-nos. O que Satanás intenta para o mal, Jesus usa para o bem. As tentativas de Satanás para nos destruir acabam desenvolvendo nossa fé. Jesus diz: "Neste mundo vocês terão aflições; contudo, tenham ânimo! Eu venci o mundo" (João 16:33).

Você consegue imaginar a segurança que essa intercessão traz? Tyler Sullivan consegue. Quando ele estava no ensino fundamental, aos onze anos de idade, certo dia ele não foi à escola nem cabulou a aula para sair com os amigos ou assistir à televisão; ele faltou na escola para se encontrar com o presidente dos Estados Unidos.

Barack Obama estava visitando a cidade natal de Tyler, Golden Valley, no estado do Minnesota. O pai dele tinha apresentado o presidente em um evento. Depois do discurso, no momento em que Tyler encontrou o presidente, Obama percebeu que o garoto tinha faltado à escola. Então o presidente pediu a um assessor para preparar um cartão com o timbre presidencial, perguntou qual era o nome da professora do Tyler e escreveu um bilhete: "Por favor, desculpe o Tyler; ele estava comigo. Barack Obama, presidente".[3]

Acho que a professora leu o bilhete e atendeu o pedido. Não é todo dia que o presidente de um país intercede por uma criança, mas a cada dia Jesus fala a seu favor: "ele vive para interceder por [nós]" (Hebreus 7:25). Jesus está orando pelo Povo da Promessa. Em meio à sua tempestade, ele está orando por você.

Ele também está vindo a seu encontro em meio à neblina da sua tempestade. "Alta madrugada, Jesus dirigiu-se a eles, andando sobre o mar. Quando o viram andando sobre o mar, ficaram aterrorizados e disseram: 'É um fantasma!' E gritaram de medo" (Mateus 14:25-26).

Jesus se tornou a resposta da sua própria oração.

Ele transformou a água em passarela. Aquele que transformou o mar Vermelho em duas muralhas para Moisés passar e fez o machado flutuar para Eliseu, transformou a água da Galileia em uma estrada plana e veio caminhando em direção aos apóstolos em meio à tempestade.

Os discípulos entraram em pânico. Eles não esperavam ver Jesus no meio da ventania.

Nika Maples também não esperava. Ela pensou que estava sozinha. O lúpus tinha-lhe assolado o corpo, tinha-lhe embargado a fala e tinha-lhe embaçado a visão. Ela não conseguia caminhar, nem se sentar, nem se mexer; só conseguia comer em pequenos bocados. Respirava ofegantemente, com sobressaltos. O sono só vinha com muita dificuldade, quando vinha. Os médicos não sabiam o que fazer e a família da dela estava apavorada. A jovem só tinha vinte anos, e o corpo dela estava entrando em colapso.

Quando ela entrou na UTI de um hospital em Fort Worth, Texas, os médicos estavam com medo de que Nika não fosse suportar. Em uma noite particularmente difícil, ela não conseguia dormir e sabia que descansaria melhor se alguém segurasse a sua mão, mas, como não conseguia falar, não tinha como pedir que alguém a acalmasse. A mãe dela estava no quarto, mas Nika sabia pelo respirar fundo que ela estava cochilando. Ela, então, começou a orar: *Deus, preciso de ti! Não consigo dormir... O Senhor pode, por favor, mandar alguém para segurar minha mão? Não tenho como contar a ninguém aquilo de que preciso, não dá para eu pedir a ninguém. O Senhor poderia falar para minha mãe, para uma enfermeira ou para outra pessoa segurar minha mão?*

Os minutos passavam lentamente. O colchão rotativo a fez deitar de lado e depois a deixou novamente de barriga para cima. Nesse momento, alguém entrou no quarto.

"O aroma da sua pele era desconhecido, mas claramente tinha cheiro masculino. Seus passos eram silenciosos. Minha mãe nem se mexeu... [Ele] segurou a minha mão direita com sua mão quente. Tentei abrir os olhos, mas não consegui".

Nika conseguiu pegar no sono. Quando acordou, ele ainda estava segurando sua mão. A mãe estava dormindo no quarto. Nika tentou novamente abrir os olhos para conhecer seu novo amigo. Desta vez, ela conseguiu. Olhou, mesmo com a visão embaçada. Não havia ninguém lá. Naquele momento, ela deixou de sentir a pressão sobre a sua mão.

Ela estava certa de que Cristo esteve com ela.[4]

Ele fez por ela o que fez pelos discípulos: veio na direção dela em meio à tempestade.

Os discípulos de Jesus o chamaram de fantasma, mas ele continuou vindo. A fé de Pedro transformou-se em medo, mas Jesus continuava a andar sobre as águas. Os ventos uivavam e se enfureciam, mas Jesus concentrou-se em sua missão. Ele permaneceu firme na rota até que conseguisse provar que ele é soberano em todas as tempestades. Pela primeira vez na Escritura, os discípulos o adoraram.

"Verdadeiramente tu és o Filho de Deus" (Mateus 14:33).

Com um barco calmo como seu altar e o bater do coração deles como sua liturgia, eles adoraram Jesus.

Que eu e você possamos fazer o mesmo!

CAPÍTULO 9
NÃO HÁ CONDENAÇÃO

> Agora já não há condenação para os que estão em Cristo Jesus
>
> — Romanos 8:1

Que cidade é Nova York!

Se quiser uma vista do horizonte, visite a ponte do Brooklyn.

Para se divertir, vá à Broadway.

Para encontrar inspiração, visite a Estátua da Liberdade.

Se quiser fazer compras, as lojas da Quinta Avenida esperam pelo seu cartão de crédito.

Entretanto, se você quiser ficar deprimido, bem abalado e totalmente perturbado, pegue um táxi para a esquina da Avenida das Américas e da rua 55, leste e passe alguns momentos diante do relógio da dívida nacional dos Estados Unidos. O cartaz tem quase oito metros de largura, pesa 227 quilos e usa 306 lâmpadas para declarar constantemente, sem compaixão e sem parar, a dívida norte-americana e a cota referente a cada família. O relógio original não foi construído para andar para trás, mas essa função raramente foi necessária. Já foram discutidas propostas para um modelo mais atual que possa retratar quatrilhões de dólares.[1] Se a dívida é uma onda gigantesca, segundo essa placa a corrente de retorno nos sugará para o mar.

Não sou economista. Sou pregador, mas a minha experiência monetária me ensinou isto: quando as pessoas devem mais do que possuem, devem esperar por problemas.

Repito que não sou economista. Sou um pregador que pode explicar a pergunta estranha que me ocorreu quando pensava sobre o relógio da dívida. Já pensou se o céu tivesse um relógio desses? Uma marquise que medisse, não a nossa dívida fiscal, mas a nossa dívida espiritual? A Escritura sempre se refere ao pecado com termos financeiros, tanto que Jesus nos ensinou a orar: "Perdoa as nossas dívidas" (Mateus 6:12). Se o pecado é uma dívida, será que você e eu temos um contador de transgressões em uma matriz de pontos no céu, que estala a cada infração?

Quando mentimos, ela faz um clique.

Quando fofocamos, outro clique.

Quando queremos que as coisas sejam à nossa maneira, faz mais um clique.

Quando cochilamos ao ler um livro do Max Lucado, três cliques!

Que coisa mais deprimente! Conhecemos a dívida financeira, mas e a dívida espiritual? A dívida do pecado tem uma consequência extremamente séria. Ela nos afasta de Deus.

> "Mas as suas maldades separaram vocês do seu Deus; os seus pecados esconderam de vocês o rosto dele, e por isso ele não os ouvirá". (Isaías 59:2)

A álgebra do céu aponta para algo parecido com isto: o céu é um lugar perfeito para pessoas perfeitas, o que nos deixa em uma situação bem complicada. De acordo com o relógio de dívidas do céu, nossa dívida é maior que nossa capacidade de pagamento. Cada dia traz mais pecado, mais dívidas e mais perguntas como esta: "Quem me libertará?" (Romanos 7:24).

Perceber a dívida moral leva algumas pessoas a uma prática frenética de boas obras. A vida passa a ser uma busca interminável de fazer o necessário, de ser melhor e de realizar mais. Uma busca de religiosidade. Frequentamos a igreja, servimos aos doentes, entramos em peregrinações e fazemos jejuns, mas, bem na intimidade, existe o medo avassalador: *E se, mesmo tendo feito tudo isso, não tiver feito o suficiente?*

Outras pessoas reagem à lista, não com ativismo, mas com a incredulidade. Elas jogam tudo para o alto e fogem chateados. Nenhum Deus exigiria tanta coisa! Não dá para agradá-lo! Não dá para satisfazê-lo! Ele não deve existir e, caso exista, não merece ser conhecido.

Dois extremos: o legalista e o ateu. O trabalhador desesperado para impressionar Deus e o incrédulo convencido de que Deus não existe. Você se identifica com algum deles? Você já experimentou o desânimo que vem do legalismo? Já passou pela solidão que o ateísmo traz?

O que fazemos? Será que o desespero e o desânimo são as únicas opções?

Ninguém gostava mais de responder a essa pergunta do que o apóstolo Paulo, que disse: "[...] agora já não há condenação para os que estão em Cristo Jesus" (Romanos 8:1).

Como ele poderia dizer isso? Será que ele não percebeu a dívida dele? Claro que sim! Paulo entra nas páginas da Escritura como Saulo, o autoproclamado fariseu de fariseus e o homem mais religioso da região; mas nem toda sua lei nem seus escrúpulos o fizeram uma pessoa melhor. Ele era sanguinário e raivoso; estava sempre disposto a exterminar qualquer coisa ou pessoa que fosse cristã.

A atitude dele começou a mudar a caminho de Damasco. Foi quando Jesus apareceu a ele no deserto, derrubou-o do seu alto cavalo e o deixou cego por três dias. Paulo só podia se voltar para uma direção: o seu interior. E não gostou do que viu naquele momento. Enxergou um tirano mesquinho. Enquanto estava cego, Deus lhe deu uma visão de que um homem, Ananias, restauraria sua visão. Então, quando Ananias o visitou, Paulo "levantando-se, foi batizado" (Atos 9:18).

Em poucos dias, ele estava pregando Cristo. Em poucos anos, ele saiu para sua primeira viagem missionária. Em poucas décadas, ele passou a escrever as cartas que lemos até hoje, todas elas defendendo Cristo e a cruz.

Não existe nenhum registro do momento em que Paulo percebeu o sentido da graça. Será que foi imediatamente no caminho de Damasco? Ou pouco a pouco durante os três dias de escuridão? Ou foi depois que Ananias restaurou-lhe a visão? Não nos foi dito, mas sabemos que Paulo recebeu a graça e foi alcançado por ela. De qualquer modo, ele recebeu a oferta improvável de que Deus nos justifica por intermédio de Jesus Cristo. A lógica de Paulo seguia uma estrutura simples:

Nossa dívida é suficiente para nos afogar.

Deus nos ama demais para nos abandonar.

Portanto, Deus encontrou um modo para nos salvar.

Paulo iniciou sua defesa de Cristo descrevendo o nosso problema: "Pois todos pecaram e estão destituídos da glória de Deus" (Romanos 3:23). Nós não alcançamos o padrão que Deus estabeleceu. Fomos criados para sermos portadores da natureza de Deus: para falar, agir e comportar-nos do modo como ele fala, age e se comporta. Para amar o que ele ama, valorizar o que ele valoriza, honrar aqueles que ele honra. Esse é o padrão glorioso que ele estabeleceu, mas nós não conseguimos alcançá-lo. Por outro lado, Jesus conseguiu fazer isso. Cristo é "aquele que não tinha pecado" (2Coríntios 5:21).

Que declaração marcante! Jesus nunca foi para a direita quando deveria ir para a esquerda. Nunca ficou calado quando deveria falar, nem falou quando deveria silenciar. Ele "passou por todo tipo de tentação, porém, sem pecado" (Hebreus 4:15). Ele era a imagem de Deus 24 horas por dia, sete dias por semana.

Quando se fala em padrão, ele é o modelo. Não pecar é ser como Jesus.

Mas quem pode viver sem pecar?

Podemos ter alguns momentos raros de bondade, praticar obras de caridade, mas quem dentre nós reflete a imagem de Deus o dia inteiro todos os dias? Paulo não conseguiu achar ninguém. "Como está escrito: 'Não há nenhum justo, nem um sequer; não há ninguém que entenda, ninguém que busque a Deus'" (Romanos 3:10-11).

As pessoas geralmente se arrepiam com a mensagem desse versículo. Eles se ofendem com a sua acusação. Ninguém é justo? Ninguém busca Deus? Daí eles apresentam os seus currículos de justiça. Eles pagam imposto, amam a família, evitam ter vícios, dão esmolas aos pobres e buscam justiça para o oprimido. Comparados ao restante das pessoas, eles são bons.

Sim, mas é exatamente aí que está o problema. Nosso padrão não é o que as outras pessoas fazem. Nosso padrão é Cristo e, comparados a ele, nós, bem... está ouvindo o relógio da dívida?

Há algum tempo, comecei a praticar natação. Não comprei óculos de marca, adquiri um normal mesmo, fui para a piscina e comecei. Em algumas semanas, evoluí gradativamente de um girino para uma pequena rã. Não aprendi muita coisa, mas consigo ir e voltar sem sair da raia. Na verdade, estava começando a me sentir muito bem com o meu desempenho.

Tão bem que, quando Josh Davis me convidou a nadar com ele, eu aceitei. Você se lembra do Josh Davis, aquele que ganhou três medalhas de ouro nas Olimpíadas de Atlanta? A cintura dele é do tamanho da minha coxa. Só o aquecimento dele vale pelo dobro da minha sessão de exercícios. Ele se sente tão à vontade em uma raia de natação quanto a maioria das pessoas se sente na fila da cafeteria.

Então, quando ele se ofereceu para me dar algumas dicas, eu pulei na piscina – que, por sinal, se chama Complexo Aquático Josh Davis. Afinal de contas, eu só tinha dois meses de experiência na natação. Quem sabe o campeonato americano sênior de natação? Então, com Josh na raia dele e eu na raia ao lado, ele sugeriu: "Vamos dar duas viradas e verificar sua velocidade". Lá fui eu! Nadei o mais rápido que pude. Fiquei admirado no final de ele ter tocado a parede só uns poucos segundos antes de mim. Senti-me muito bem por dentro. Quase achei que veria fotógrafos e patrocinadores reunidos à beira da piscina.

"Está aí há muito tempo?", eu falei com a voz ofegante.

"Só há uns poucos segundos".

"Quer dizer que eu terminei somente poucos segundos atrás de você?"

"Isso mesmo!"

Eita!... Esqueça o campeonato sênior! Baterei o recorde mundial! Mas depois Josh acrescentou. "Houve uma diferença. Enquanto você nadou cem metros, eu nadei duzentos!"

Josh subiu o nível. Ele nadou em alto estilo!

Em pequena escala, ele fez na piscina o que Jesus fez pela humanidade.

Jesus demonstrou como é a vida com Deus.

Então, que podemos fazer? Ele é santo e nós não. Ele é perfeito, e nós não. O caráter dele é impecável, o nosso é falho. Um desfiladeiro imenso nos separa de Deus. Será que devemos esperar que Deus passe por cima de tudo isso? Ele até poderia passar, mas não o faz por um detalhe essencial: ele é Deus de justiça. Se não pune o pecado, ele deixa de ser justo. Se ele não for justo, então que esperança teríamos de um céu justo? O além seria ocupado por pecadores que encontrariam uma brecha que viciaria o sistema. No entanto, se Deus nos punir por nosso pecado, estamos perdidos. Então, qual é a solução? Novamente recorremos a Paulo para a explicação:

Que diz a Escritura? "Abraão creu em Deus, e isso lhe foi creditado como justiça".

> Ora, o salário do homem que trabalha não é considerado como favor, mas como dívida. Todavia, àquele que não trabalha, mas confia em Deus, que justifica o ímpio, sua fé lhe é creditada como justiça. (Romanos 4:3-5)

Creditar alguma coisa é fazer um pagamento por ela. Eu tenho um cartão de crédito. Se eu preencher um cheque para pagar o saldo do cartão, a dívida do cartão será eliminada, e eu terei um saldo zero. Não terei dívidas, nem pagamentos pendentes, nem encargos, nada disso.

De acordo com Paulo, Deus fez o mesmo com nossa dívida espiritual. Ele apresenta Abraão como exemplo de alguém que se beneficiou da graça — sim, o mesmo Abraão de 2000 a.C.! Abraão não tinha dívidas no cartão de crédito, mas sim uma dívida espiritual, pois era pecador. Ele era um homem bom, tenho certeza, mas não o suficiente para viver sem dívidas. O seu relógio de dívidas dava muitos estalos.

Toda vez que ele amaldiçoava o camelo, era um clique a mais.

Toda vez que ele flertava com uma criada, outro clique.

Toda vez que ele imaginava para que lugar Deus o estava levando e se Deus tinha alguma noção desse lugar, o relógio clicava três vezes.

Mas Abraão escolheu fazer algo com relação a todas as coisas ruins que fez: ele creu. Depositou sua fé em Deus e, por causa disso, algo maravilhoso e indescritivelmente grande aconteceu com o seu relógio de dívidas.

Ele foi zerado!

"Abraão creu em Deus, e isto lhe foi creditado como justiça". A promessa de Deus a Abraão foi a salvação pela fé. A promessa de Deus para mim e para você também é. Somente pela fé.

> Deus o ofereceu [Jesus] como sacrifício para propiciação mediante a fé, pelo seu sangue, demonstrando a sua justiça. Em sua tolerância, havia deixado impunes os pecados anteriormente cometidos; mas, no presente, demonstrou a sua justiça, a fim de ser justo e justificador daquele que tem fé em Jesus. (Romanos 3:25-26)

Deus nunca fez concessões quanto ao seu padrão. Ele satisfez todas as exigências de justiça. Mesmo assim, ele também satisfez o desejo de amar. Como ele é justo demais para fazer vista grossa sobre nosso pecado e amoroso demais para nos rejeitar, colocou o nosso pecado sobre o seu Filho e executou nossa punição sobre ele. "Deus tornou pecado por nós aquele que não tinha pecado, para que nele nos tornássemos justiça de Deus" (2Coríntios 5:21).

Agora nós entendemos o brado de Cristo na cruz: "Meu Deus! Meu Deus! Por que me abandonaste?" (Mateus 27:46).

Jesus sentiu a ira do Deus justo e santo.

Onda sobre onda, peso sobre peso, hora sobre hora, ele bradou as palavras do salmo que ele deve ter conhecido desde sua juventude: "Por que me abandonaste?" Ele sentiu a separação entre seu Pai e ele.

E depois, quando mal podia aguentar, ele gritou: "Está consumado!" (João 19:30). A missão foi cumprida.

No momento da morte de Jesus, um milagre inacreditável aconteceu. "Mas Jesus, com um alto brado, expirou, e o véu do santuário rasgou-se em duas partes, de alto a baixo" (Marcos 15:37-38). De acordo com Henry e Richard Blackaby,

> O véu separava as pessoas do Lugar Santíssimo do templo, e ele tinha essa função por séculos. De acordo com a tradição, o véu, com um palmo de espessura, era tecido com setenta e duas dobras, com cada dobra consistindo em vinte e quatro linhas. O véu aparentemente tinha dezoito metros de altura e nove metros de largura".[2]

Não estamos falando de drapeados pequenos e delicados, pois essa cortina era uma parede feita de tecido. O fato de que ele se rasgou de alto a baixo revela que as mãos por trás desse ato eram divinas, ou seja, o próprio Deus agarrou a cortina e a rasgou em duas.

Nunca mais!

Nunca mais haveria divisão, nem separação, nem sacrifícios, pois "[...] Não há condenação para os que estão em Cristo Jesus" (Romanos

8:1). Ele mesmo levou em seu corpo os nossos pecados sobre o madeiro, a fim de que morrêssemos para os pecados e vivêssemos para a justiça; por suas feridas vocês foram curados (1Pedro 2:24).

A obra celestial da redenção havia terminado. A morte de Cristo trouxe vida nova. Todas as barreiras que nos tinham separado ou que poderão separar-nos de Deus se foram.

O medo de não alcançar o padrão se foi! A busca do comportamento certo também. Aquelas perguntas incômodas como: "Será que eu fiz o suficiente? Sou bom o suficiente? Realizarei o suficiente?" se foram. O legalista encontra descanso e o ateu encontra a esperança, pois o Deus de Abraão não é Deus de fardos, mas de descanso. Ele sabe que somos feitos de carne e osso e sabe que não podemos alcançar a perfeição. O Deus da Bíblia é aquele que diz:

> Venham a mim, todos os que estão cansados e sobrecarregados, e eu lhes darei descanso. Tomem sobre vocês o meu jugo e aprendam de mim, pois sou manso e humilde de coração, e vocês encontrarão descanso para as suas almas. Pois o meu jugo é suave e o meu fardo é leve. (Mateus 11:28-30)

Quando você perde a calma com seu filho, Cristo entra em cena. "Eu paguei por isso". Quando você fala alguma mentira e todo o céu geme, o seu Salvador diz: "A minha morte cobriu esse pecado". Quando cobiça o corpo de alguém; alegra-se com a desgraça alheia; cobiça o sucesso de alguém ou fala algum palavrão por causa do erro de alguém, Jesus se levanta diante do tribunal do céu e aponta para a cruz ensanguentada. "Eu já fiz a provisão para isso. Eu paguei essa dívida. Tirei os pecados do mundo".

Karl Barth descreve a graça da seguinte forma:

> De um lado está Deus em sua glória como Criador e Senhor... Do outro lado está o homem, não simples-

mente a criatura, mas o pecador, aquele que existe na carne e que na carne está em oposição a ele. Isso não é simplesmente uma fronteira, mas um abismo enorme, mas mesmo assim esse abismo é atravessado não pelo homem, nem por Deus e pelo homem em conjunto, mas exclusivamente por Deus... O homem não tem a mínima ideia do modo pelo qual isso se dá ou acontece a ele.[3]

A salvação, do início ao fim, é obra do nosso Pai. Deus não se coloca sobre uma montanha e nos diz para subi-la a fim de encontrá-lo. Em vez disso, ele desce para o nosso vale escuro e nos encontra. Ele não deixa de pagar um dólar da nossa dívida para que completemos o pagamento. Ele paga cada centavo. Não se oferece para completar a obra que nós iniciamos. Ele faz a obra completa, do início ao fim. Ele não faz barganha conosco, ordenando-nos a limpar nossa vida para que ele possa nos ajudar. Ele lava os nossos pecados sem a nossa ajuda.

Uma senhora idosa foi questionada em um dado momento sobre a segurança da sua salvação. Mesmo ela tendo dedicado sua vida ao Senhor, um cínico perguntou: Como você pode ter certeza? Como você pode saber que, depois de todos esses anos, Deus não a deixará queimar no inferno?

"Ele perderia mais do que eu", ela respondeu. "Tudo o que eu perderia seria a minha própria alma, mas ele perderia o seu bom nome".

Que dom que Deus lhe deu! Você ganhou o prêmio da maior loteria da história da humanidade e nem comprou bilhete algum! A sua alma está segura, sua salvação está garantida. Seu nome está escrito no único livro digno de importância. Você está a poucos grãos de areia na ampulheta de uma existência sem lágrimas, sem sepulturas e sem dor.

Essa é a mensagem de Deus, a promessa da graça. A declaração que Paulo pregou com entusiasmo incansável: "O que não podemos fazer, Deus fez. Ele nos justifica pela graça". A graça vem totalmente de Deus.

É Deus amando, Deus descendo ao nosso nível, Deus oferecendo, Deus cuidando e Deus nos levando.

Essa é a versão divina da graça. Será que essa é a sua versão? Não se apresse muito para responder a essa pergunta. A culpa fica incubada como uma toxina em muitas almas, mas não deixe que ela tenha lugar na sua alma. Antes de virar a página, internalize esta promessa que está escrita com o sangue de Cristo: "Agora já não há condenação para os que estão em Cristo Jesus" (Romanos 8:1).

Não há condenação. Não há nenhuma "condenação limitada", nem "condenação adequada", nem "condenação calculada". Isso é o que as pessoas infligem sobre as outras. O que Deus concede aos seus filhos? "Nenhuma condenação".

Firme-se nessa promessa. Ou, melhor dizendo, leve essa promessa para o seu relógio, o seu relógio de dívida pessoal. Enquanto você observa a dívida insuperável que tem, a dívida que você nunca poderá pagar, declare esta promessa: "Agora já não há condenação para os que estão em Cristo Jesus".

CAPÍTULO 10

ESSE TÚMULO É TEMPORÁRIO

A morte foi destruída pela vitória.

— 1Coríntios 15:54

Há alguns anos, recebi um telefonema urgente para visitar um homem à beira da morte no hospital. Não conhecia o Peter muito bem, mas sabia que ele estava pagando um alto preço pela sua vida difícil. Os anos de drogas e de alcoolismo detonaram a sua vida. Apesar de ele estar em paz com Deus por meio de Cristo, o fígado estava em conflito com o corpo.

Quando a ex-mulher dele telefonou, ela estava ao lado da cama e explicou que Peter estava às portas da morte. Mesmo tendo me apressado, ele entrou nesse portal minutos antes de eu chegar. A atmosfera do quarto do hospital transparecia que isso tinha acabado de acontecer. Ela ainda estava ao lado da cama. O cabelo dele ainda tinha as marcas do carinho dela. O dorso da mão esquerda tinha a marca de batom do beijo dela. Além disso, as gotas de suor brilhavam no rosto dele.

Ela me viu entrar e olhou para cima. Com os olhos e as palavras ela explicou: "Ele acabou de partir".

Peter se foi de repente, em silêncio, partiu. Em um momento estava entre nós, mas, no outro... para onde será que ele foi? Ele não se acabou, ele se transferiu, mas para onde? Em que forma? Para onde? De que maneira? E o que ele viu ao chegar? O que ele conheceu ou fez? Desejamos tanto entender isso!

Será que alguém na sua vida "acabou de partir"? Quando a respiração do seu cônjuge cessou, o coração que batia no peito parou, o bipe do monitor da sua avó se tornou um som contínuo, o que aconteceu nesse momento?

Além disso, o que acontecerá com você no momento da partida? Se Cristo não voltar a tempo, você terá... um último suspiro, uma última batida do coração. Os pulmões se esvaziarão e o sangue ficará parado. O que seremos depois de morrer? As respostas variam.

- Algumas pessoas dizem que não seremos nada. Apodreceremos e nos desintegraremos. A morte é um beco sem saída. Nosso trabalho e nossa reputação podem sobreviver, mas nós não.
- Quem sabe seremos espíritos? Fantasmas do que fomos antes. Pálidos como um monte de neve. Tão estruturados como uma névoa da manhã. O que seremos depois de morrer? Fantasmas.
- Ou falcões, ou vacas, ou algum mecânico de automóveis em Kokomo. A reencarnação nos recompensa ou nos pune de acordo com o nosso comportamento. Voltamos à terra com outro corpo mortal.
- Ou alguma parte do universo. A eternidade nos absorve como um lago absorve uma gota de chuva. Voltamos ao que éramos antes de sermos o que somos... Voltamos à consciência cósmica do universo.

O cristianismo, por outro lado, defende uma ideia nova e alarmante. "A morte foi destruída pela vitória" (1Coríntios 15:54). O cemitério é um lugar mais de ganho do que de perda. Obviamente deve-se chorar o luto dos mortos em Cristo, mas também devemos invejá-los. Os cânticos fúnebres são compreensíveis, mas um toque de trombeta também cai bem.

De acordo com a promessa do túmulo vazio, meu amigo Peter acordou em um mundo tão maravilhosamente melhor que este que só Deus o convenceria a voltar à terra. Sabemos disso porque os milagres de Jesus só incluíram três ressurreições. Acho que ele teve dificuldades para encontrar candidatos ao retorno.

O povo da promessa apega-se à esperança inabalável que vem da ressurreição de Cristo. A esperança cristã depende totalmente da premissa de que Jesus Cristo teve uma morte física, deixou um sepulcro real vazio e ascendeu ao céu onde ele, neste momento, reina como o cabeça da igreja.

A ressurreição mudou tudo.

Era a manhã de domingo depois da execução da sexta-feira. O céu estava escuro. Os discípulos tinham se espalhado, e o carrasco romano estava pensando no café da manhã, ou no trabalho, ou no seu próximo dia de folga, mas ele não estava nem pensando na pessoa que tinha pregado numa cruz e atravessado com uma lança. Jesus estava morto e foi sepultado. Tudo isso é passado, certo?

Errado!

> E eis que sobreveio um grande terremoto, pois um anjo do Senhor desceu do céu e, chegando ao sepulcro, rolou a pedra da entrada e assentou-se sobre ela. Sua aparência era como um relâmpago, e suas vestes eram brancas como a neve. Os guardas tremeram de medo e ficaram como mortos. O anjo disse às mulheres: "Não tenham medo! Sei que vocês estão procurando Jesus,

que foi crucificado. Ele não está aqui; ressuscitou, como tinha dito. Venham ver o lugar onde ele jazia". (Mateus 28:2-6)

Se essas palavras nunca fossem ditas, se o corpo de Jesus fosse decomposto em pó no túmulo emprestado, você não estaria lendo essas páginas, nem estaríamos escrevendo sobre essa promessa, mas as palavras foram ditas e a promessa foi feita.

Jesus fez uma turnê da ressurreição. Ele apareceu às mulheres perto do túmulo. Apareceu aos seguidores no cenáculo e aos discípulos no caminho para Emaús. Apareceu também aos seus amigos na costa da Galileia; falou com eles e comeu com eles. Eles tocaram em seu corpo, ouviram suas palavras e foram convencidos de que Jesus tinha ressuscitado dentre os mortos.

Eles também creram que a ressurreição é a antevisão e a promessa da nossa ressureição. O que Deus fez por ele, fará por nós também. Quando Jesus ressuscitou dentre os mortos, ele era "as primícias" (1Coríntios 15:20, 23), que são a primeira prova da colheita. O fazendeiro pode ter uma ideia de como será a safra extraindo uma amostra do primeiro lote, e podemos ter uma ideia de como será a nossa própria ressurreição contemplando a ressurreição de Cristo. O que acontecerá quando você morrer? A Bíblia revela algumas garantias interessantes.

O seu espírito imediatamente entrará na presença de Deus. Você desfrutará de uma comunhão consciente com o Pai e com aqueles que se foram antes, e seu corpo virá ao seu encontro posteriormente. Acreditamos que isso é verdade por causa de versículos como este: "Temos, pois, confiança e preferimos estar ausentes do corpo e habitar com o Senhor" (2Coríntios 5:8).

Quando a ex-mulher de Peter me perguntou o que aconteceu com o marido dela, pude dizer com propriedade: "Ele está ausente do corpo e está habitando com o Senhor".

Não é essa a promessa que ele fez ao ladrão na cruz? "Hoje você estará comigo no paraíso" (Lucas 23:43). "Hoje", Cristo prometeu. Sem atraso, sem pausa, sem limpeza no purgatório, nem sono da alma. O ladrão fechou seus olhos na terra e acordou no Paraíso. A alma do cristão viaja para casa, enquanto o corpo dele aguarda a ressurreição.

Meu amigo Luís fez essa jornada. Pelos últimos dois anos, ele me saudava na loja de conveniência onde trabalhava e eu comprava o café da manhã. Ele era uma pessoa tão atenciosa, gentil e, mesmo quando a saúde do coração foi se deteriorando, a esperança dele nunca se perdeu. O coração dele esgotou-se na semana passada. Ele sinalizou por três vezes, mas a equipe médica conseguiu trazê-lo de volta apenas duas. Depois da primeira vez, permitiram que a esposa entrasse no quarto. Luiz deve ter visto algo que o fez confidenciar bem baixinho: *"Ven comigo, está muy bonito"* (Vem comigo, está muito bonito!").

O Paraíso é a primeira etapa do céu, mas não é a versão final do céu ou a expressão final da nossa morada.

A era final começará quando Cristo voltar no último dia. "O próprio Senhor descerá do céu" (1Tessalonicenses 4:16). Antes de você ver anjos, ouvir trombetas ou abraçar os avós, você será envolvido pela voz de Jesus. "O Senhor ruge do alto" (Jeremias 25:30).

Ele despertará o corpo e irá ao encontro da alma do homem morto. "Os mortos ouvirão a voz do Filho de Deus... todos os que estiverem nos túmulos ouvirão a sua voz e sairão" (João 5:25, 28-29). Aquele que nos criou nos reunirá novamente, "Aquele que dispersou Israel o reunirá" (Jeremias 31:10 NVT).

Já me detive em cemitérios e tentei imaginar esse momento. A estrada onde eu e a Denalyn fazemos nossa caminhada é marcada por um pequeno cemitério do interior. As lápides se desgastaram a ponto de se tornarem irreconhecíveis, e há cem anos não se faz limpeza alguma ali. Os poucos nomes que se podem reconhecer têm o mesmo sobrenome. Imagino que uma mesma família tenha sido sepultada naquele lugar. É apenas um dos locais de sepultamento ao redor do mundo. Ainda assim, se essas palavras de Jeremias forem verdadeiras, um dia ele presenciará um milagre indescritível. O mesmo Deus que sacudiu o sepulcro de José de Arimateia sacudirá o solo desse cemitério simples. A grama será retirada de dentro. Os caixões se abrirão, e os corpos desses fazendeiros esquecidos serão convocados para o céu.

Mas em que formato? Qual será a aparência desses corpos? De que forma aparecerão? Eles já foram decompostos, alguns foram pulverizados, outros foram detonados pela doença e pela deformação. Alguns foram crivados de balas ou destruídos pelo fogo. Como esses corpos serão dignos do céu?

Aqui está a resposta de Paulo.

> [...] O corpo que é semeado é perecível e ressuscita imperecível; é semeado em desonra e ressuscita em glória; é semeado em fraqueza e ressuscita em poder; é semeado um corpo natural e ressuscita um corpo espiritual. Se há corpo natural, há também corpo espiritual. (1Coríntios 15:42-44)

Os espíritos serão unidos aos corpos, resultando em um corpo espiritual. Do mesmo modo que uma semente se transforma em uma planta, esse corpo natural se tornará um corpo espiritual. Você amará esse corpo!

Você nunca se viu na sua melhor forma. Mesmo nos seus dias bons, você esteve sujeito a bactérias, ao cansaço e às feridas. Você nunca se conheceu como Deus o idealizou, mas essa hora chegará! Tente imaginar um corpo sem dor, uma mente sem pensamentos que a distraiam. Enxergue-se como foi elaborado: totalmente íntegro, e, enquanto estimula a imaginação, enxergue a terra como ela foi criada: completamente calma. "O lobo viverá com o cordeiro, o leopardo se deitará com o bode, o bezerro, o leão e o novilho gordo pastarão juntos; e uma criança os guiará" (Isaías 11:6). Os leões não rugirão. Os ursos não mutilarão ninguém. Ninguém, nada se rebelará. A próxima era será calma porque dará alegremente todo o poder a Deus.

"Já não haverá maldição nenhuma" (Apocalipse 22:3). Não haverá problemas com a terra, nem vergonha diante de Deus, nem conflito entre as pessoas, nem morte, nem maldição. A retirada da maldição reconduzirá o povo de Deus e o universo para o seu estado proposto por Deus. Satanás, o tentador, será lançado "para o fogo eterno, preparado para o diabo e os seus anjos" (Mateus 25:41).

Nesse momento, "a morte foi destruída pela vitória" (1Coríntios 15:54).

Faça dessa promessa um dos blocos do seu alicerce e veja a morte pela lente da ressurreição de Cristo. A sepultura certamente traz tristeza, mas não precisa trazer desespero. O túmulo não pode segurar Cristo. Assim também não pode segurar você por muito tempo, pois Cristo habita em você. "De acordo com a sua promessa, esperamos novos céus e nova terra, onde habita a justiça" (2Pedro 3:13).

Essa é a promessa de Deus. Ele recuperará a criação. Ele é Deus de restauração, não de destruição. Ele é Deus de *r*enovação, *r*edenção, *r*egeneração e *r*essurreição. Deus ama *r*efazer e *r*estaurar.

"Estou fazendo novas todas as coisas!", ele anunciou (Apocalipse 21:5). Tudo novo! As coisas velhas já passaram. Chega de salas de espera de hospitais, de papéis de divórcio molhados de lágrimas, de ultrassonografias imóveis, de tristeza, de notificações de despejo, da exploração, do câncer! Deus tomará posse de cada átomo, de cada emoção, de cada inseto, de cada animal e de cada galáxia. Ele recuperará todo corpo doente e toda mente aflita. *Estou fazendo novas todas as coisas!*

No filme *Melhor é impossível*, Jack Nicholson retrata um escritor rabugento da cidade de Nova York que era grosso com todos os seres vivos. Ele é rico, solitário, amargo e medroso. Sofre de tantas fobias quanto o número de piranhas da Amazônia, e elas o corroem. Tem medo de passar por calçadas quebradas, de usar um sabonete duas vezes ou de apertar a mão de alguém. Come sempre no mesmo restaurante, na mesma mesa, e pede a mesma refeição de um mesmo garçom.

Em um dado momento, sua neurose atinge um ponto de ruptura, e ele tem uma consulta com o seu psicanalista. Ele vê a sala de espera e suspira; evita o contato físico, mas não consegue ignorar o impacto de tanta tristeza junta. "Será que tudo se resume a isso?" ele pergunta.

Muita gente acha que sim. Eles pensam equivocadamente que seu momento mais desejado, sua maior alegria e sua experiência mais profunda acontecem em algum momento entre a sala de parto e a casa funerária. Alguém precisa contar para eles que isso é só o começo. Será que não existe nada melhor? Apenas este mundo que se resume a isso?

Posso pedir pelo amor de Deus que você fixe o coração nessa esperança? "Já que estamos recebendo um Reino inabalável" (Hebreus 12:28), podemos ter uma esperança que não será abalada. Fixe o coração e os olhos nela.

> Por isso não desanimamos. Embora exteriormente estejamos a desgastar-nos, interiormente estamos sendo renovados dia após dia, pois os nossos sofrimentos leves e momentâneos estão produzindo para nós uma glória eterna que pesa mais do que todos eles. Assim, fixamos os olhos, não naquilo que se vê, mas no que não se vê, pois o que se vê é transitório, mas o que não se vê é eterno. (2Coríntios 4:16-18)

O verbo usado na expressão "fixe os olhos" é *skopeó*, o bisavô da expressão "mira telescópica". Quando você gruda os olhos na mira de um rifle, o que acontece? Todo o seu olhar concentra-se em um item. Levante os olhos e contemple por um bom tempo o céu prometido.

Deixe essa esperança para o amanhã fortalecer você hoje! Seu melhor momento será o momento final! Eu sei que a maioria das pessoas fala diferente, que a morte deve ser evitada, adiada e ignorada, mas eles não possuem o que você possui. Você tem uma promessa da parte do Deus vivo! Sua morte será devorada na vitória! Jesus Cristo ressuscitou dentre os mortos, não somente como demonstração de força, mas também para revelar o que está reservado para você. Ele orientará você em meio ao vale da morte.

Há várias semanas, passei uma hora no escritório do diretor de um cemitério, pois o meu aniversário me lembra que o dia da minha partida está cada vez mais próximo. Achei melhor tomar as providências para o meu enterro, mas desisti outra vez! (Especialmente quando fiquei sabendo do preço dos lotes!)

Enquanto o cavalheiro estava me mostrando o mapa do cemitério e as áreas disponíveis, tive uma ideia. "Imagino que achará que perdi a cabeça", disse-lhe, "mas posso gravar uma mensagem para minha lápide, uma espécie de mensagem de voz para o meu túmulo?"

De modo digno, ele não me chamou de louco e prometeu verificar isso. Em poucos dias ele me deu a boa notícia. "Sim, isso é possível. Uma mensagem gravada pode ser encaixada no marcador da sepultura. Com o apertar de um botão, pode-se reproduzir uma mensagem".

Agradeci e comecei a prepará-la. Em poucos minutos, já tinha escrito, mas não gravei ainda. Quem sabe eu possa testá-la primeiro com você.

A pedra de granito terá um botão e um convite: "Aperte para ouvir uma mensagem do Max". Se você apertar o botão, ouvirá o seguinte:

> Obrigado por me visitar. Desculpe, mas você não conseguiu me encontrar. Não estou aqui. Estou em casa, finalmente em casa. Em algum momento, o meu Rei fará chamada e ficará claro que esse túmulo é temporário. Quem sabe você queira afastar-se no caso de isso acontecer com você presente aqui. Agradeço novamente a sua visita. Espero que já tenha planejado sua partida deste mundo. Desejo tudo de bom para você. Atenciosamente, Max.

É verdade, ainda preciso dar uma melhorada nela. Mesmo que mude as palavras, a Palavra nunca mudará: "A morte foi destruída pela vitória" (1Coríntios 15:54).

CAPÍTULO 11

A ALEGRIA ESTÁ PARA CHEGAR

O choro pode durar uma noite, mas a alegria vem pela manhã.

— Salmos 30:5, ARC

Sem saber, Amanda Todd, uma adolescente do Canadá, tornou-se porta-voz do desespero aos quinze anos de idade, depois que um aproveitador a tinha convencido a posar para uma foto com os seios à mostra. Posteriormente, ele a chantageou com ameaças de divulgar a foto se ela não revelasse mais do seu corpo, mas acabou postando a foto mesmo assim. A humilhação recaiu sobre ela como uma ventania de verão. Desde o corredor da escola até as redes sociais, ela virou motivo de chacota do seu círculo de amizades.

Ela, que já era frágil e retraída, isolou-se ainda mais. Afastava-se dos amigos e ficava em casa, mas, mesmo assim, não conseguiu livrar-se das mensagens de texto, das ligações e dos olhares. A família a transferiu de escola, mas a zombaria a seguiu. Por três anos, foi perseguida e xingada, e acabou se afundando em drogas e bebida. Tentou se matar; cortou os pulsos, escondeu-se no quarto e bebeu água sanitária. Finalmente, em um ato de desespero, postou um vídeo de nove minutos no YouTube. Usando pedaços de papel, tendo como fundo uma música deprimente, relatou seus meses de terror: a vergonha que trouxe à família e a dor que trouxe a si mesma. A imagem do vídeo somente mostra a parte inferior do seu rosto e as mensagens escritas:

Não tenho ninguém.
Preciso de alguém.
Meu nome é Amanda Todd.

Um mês depois de postar esse vídeo, ela tentou suicidar-se novamente. Dessa vez, conseguiu.[1]

Se a esperança fosse uma nuvem de chuva, Amanda Todd vivia no deserto do Saara. Ela procurava pelo céu por uma razão para viver e não encontrou. Será que Deus tem alguma promessa para uma pessoa como Amanda?

Ele é a pessoa mais indicada. Qualquer pessoa pode fazer um discurso para animar alguém, mas, se Deus é quem afirma ser, com certeza é ele quem tem a melhor mensagem para quem está desanimado. Os manuais de autoajuda podem ajudar você a superar algum mau humor ou um acúmulo de problemas, mas o que dizer de uma infância violenta ou de um acidente debilitante, ou, ainda, de anos de dor crônica ou de zombaria pública? Será que Deus tem alguma palavra para as noites escuras da alma?

Sim, ele tem. A promessa começa com essa frase: "O choro pode persistir uma noite" (Salmos 30:5).

Com certeza, você conhecia essa parte. Nem precisava ler o versículo para constatar sua realidade. O choro pode durar uma noite inteira. É só perguntar para a viúva no cemitério ou para a mãe na sala de emergência; um homem que perdeu o emprego pode lhe dizer isso, e um adolescente que se perdeu nas drogas, também. O choro pode durar toda uma noite, duas ou três em seguida.

Isso não é novidade para você, mas essa frase pode ser: "A alegria vem pela manhã" (Salmos 30:5, ARC). O desespero não terá a última palavra. A tristeza não durará para sempre. As nuvens podem esconder o sol, mas não podem eliminá-lo. A noite pode atrasar o amanhecer, mas não pode derrotá-lo. A manhã chega, não tão rápido quanto queremos, mas ela vem, e com ela vem a alegria.

Você precisa dessa promessa? Já chorou rios de lágrimas? Já deixou a esperança de lado? Já teve dúvidas se alguma manhã porá fim a toda essa noite? Maria Madalena passou por tudo isso.

Na floresta do Novo Testamento, ela é o salgueiro-chorão, aquela sobre a qual a tragédia despejou o seu inverno mais escuro. Antes de conhecer Jesus, ela tinha sete demônios (Lucas 8:2). Era prisioneira de sete aflições. Veja a lista delas: depressão, vergonha, medo, solidão ou talvez prostituição, violência e abandono. Na bíblia, o número 7 às vezes é usado para descrever plenitude. Pode ser que Maria Madalena estivesse totalmente abalada pelos problemas, mas então algo aconteceu. Jesus entrou no mundo dela. Ele falou e os demônios fugiram. Pela primeira vez em muito tempo, as forças opressoras tinham ido embora. Foram banidas, expulsas. Maria Madalena pôde, finalmente, ter uma boa noite de sono, alimentar-se normalmente e sorrir novamente, pois o rosto no espelho não apresentava mais angústia.

Jesus restaurou a vida dela, e ela correspondeu ao favor. Estava entre as seguidoras que "ajudavam a sustentá-los [Jesus e seus discípulos] com seus bens" (Lucas 8:3). Onde Jesus ia, Maria Madalena o seguia. Ela o ouviu ensinar e presenciou seus milagres. Pode ser que ela até preparasse as refeições dele, pois estava sempre perto de Cristo.

Mesmo na crucificação, ela estava "perto da cruz" (João 19:25).

Quando pregaram os cravos nas mãos dele, ela ouviu o martelo. Quando perfuraram o lado dele com uma lança, ela viu o sangue. Quando desceram o corpo dele da cruz, ela estava lá para ajudar a prepará-lo para o sepultamento.

Na sexta-feira, Maria Madalena presenciou a morte de Jesus.

No sábado, ela guardou um dia muito triste.

Quando chegou o domingo, Maria Madalena foi ao túmulo para terminar o trabalho que tinha começado na sexta. "No primeiro dia da semana, bem cedo, estando ainda escuro, Maria Madalena chegou ao sepulcro" (João 20:1). Ela não sabia que o túmulo estava vazio, nem tinha outro propósito para ir senão o de lavar o resto do sangue coagulado da barba dele e se despedir.

Era uma manhã escura.

Quando ela chegou na sepultura, viu que a notícia era pior ainda. Maria Madalena "viu que a pedra da entrada tinha sido removida" (João 20:1). Achando que ladrões de túmulos tinham levado o corpo, ela correu de volta pela trilha até que encontrou Pedro e João. "Tiraram o Senhor do sepulcro!" (v. 2) ela disse-lhes.

Pedro e João correram para o local da sepultura. João era mais rápido, mas Pedro era mais corajoso. Ele entrou e João o seguiu. Pedro viu a laje limpa e observou, mas João viu essa mesma laje e acreditou. Todas as provas se juntaram na sua mente: as profecias da ressurreição, a pedra removida, as faixas de linho, o pano que estava sobre a cabeça de Jesus dobrado e colocado no lugar. João chegou à conclusão: ninguém levou o corpo de Jesus, ninguém o roubou da sepultura. Jesus havia ressuscitado dentre os mortos, e João viu e acreditou, sendo o primeiro a celebrar a Páscoa.

Os dois discípulos apressaram-se a contar aos outros, e esperamos que a lente da câmera do evangelho os siga. Afinal de contas, eles eram apóstolos e posteriormente escreveriam as epístolas. Eles eram dois terços do círculo íntimo. Esperávamos que João escrevesse o que os apóstolos fizeram em seguida, mas ele não faz isso. Ele contou a história de quem ficou para trás.

"Maria, porém, ficou à entrada do sepulcro, chorando" (v. 11).

O rosto estava inundado de lágrimas. Seus ombros se agitavam com os soluços. Ela sentia-se muito sozinha. A cena resume-se a Maria Madalena, o desespero e um túmulo vazio. "Enquanto chorava, curvou-se para olhar dentro do sepulcro e viu dois anjos vestidos de branco, sentados onde estivera o corpo de Jesus, um à cabeceira e o outro aos pés. Eles lhe perguntaram: "Mulher, por que você está chorando?" (vv. 11-13).

Maria Madalena pensou que os anjos fossem homens. É fácil imaginar a razão, pois ainda estava escuro do lado de fora e ainda mais dentro do sepulcro. Seus olhos estavam marejados e ela não tinha motivo para pensar que os anjos estariam no túmulo. Podiam ser coveiros, ou mesmo zeladores, mas se tratava de um domingo muito escuro para que ela esperasse encontrar anjos. "'Levaram embora o meu Senhor', respondeu ela, 'e não sei onde o puseram'" (v. 13).

Maria havia chegado oficialmente ao fundo do poço. O mestre tinha sido morto. O corpo tinha sido sepultado em um túmulo emprestado. O túmulo foi assaltado, o corpo foi roubado e agora duas pessoas desconhecidas estavam sentadas na laje onde ele estava. O sofrimento juntou-se à indignação.

Você já passou por uma situação como essa? Aquele momento em que as más notícias pioraram? Aquele instante em que a tristeza envolvia você como uma neblina? Aquela hora em que você estava buscando a Deus verdadeiramente, mas não conseguia encontrar?

Quem sabe a sua história é a mesma da Maria Madalena. Nesse caso, você gostará muito do que aconteceu depois. Em meio ao momento mais escuro de Maria, o Filho se revelou:

> Nisso ela se voltou e viu Jesus ali, em pé, mas não o reconheceu. Disse ele: "Mulher, por que está chorando? Quem você está procurando?" Pensando que fosse o jardineiro, ela disse: "Se o senhor o levou embora, diga-me onde o colocou, e eu o levarei". (vv. 14-15)

Ela não reconheceu o seu Senhor, então, Jesus tomou uma providência. Ele chamou-a pelo nome: "Jesus lhe disse: 'Maria!'" (v. 16).

Pode ser que tenha sido o modo de falar, ou a inflexão, ou o tom da voz, ou o sotaque galileu, ou a lembrança que ela associava: o instante que, pela primeira vez, ela ouviu alguém dizer seu nome sem o peso da perversão nem algum outro interesse.

"Maria!"

Quando o ouviu chamá-la pelo nome, ela soube que era Jesus. "Então, voltando-se para ele, Maria exclamou em aramaico: 'Rabôni!' (que significa Mestre)" (v. 16). Isso levou um segundo, uma virada de pescoço. No intervalo de tempo em que a cabeça mudou de direção, o Jesus morto ressuscitou. O choro pode durar uma noite inteira, mas a alegria...

Ela o tocou. Sabemos que isso é verdade por causa das palavras que Jesus diz em seguida: "Não me segure, pois ainda não voltei para o Pai" (v. 17).

É possível que ela tenha se prostrado a seus pés e lhe segurado os tornozelos, ou até mesmo o abraçado por algum tempo.

Não sabemos o modo como ela o tocou, só sabemos que ela fez isso, e Jesus permitiu. Mesmo que o gesto tenha durado só por um momento, foi isso que ele fez. Como é maravilhoso saber que o Senhor ressuscitado não era tão distante, tão alheio, tão divino ou tão sobrenatural a ponto de não poder ser tocado.

Esse momento tem um papel sagrado na história da Páscoa. Ao mesmo tempo, nos recorda que Jesus é o Rei vencedor e o bom pastor. Ele tem poder sobre a morte, mas também tem um lado tranquilo para as Marias Madalenas do mundo. O rei herói é constantemente meigo.

Gostaria de pintar um quadro desta cena. Retratá-la com óleo sobre tela e enquadrar. O amanhecer de ouro brilhante, o túmulo aberto, os anjos observando de longe, o Messias de vestes brancas, a Maria radiante de alegria, com as mãos estendidas para ele, os olhos dele sobre ela. Se você for algum artista e pintar essa cena, por favor inclua o reflexo do amanhecer nas lágrimas de Maria e, por gentileza, pinte um sorriso largo no rosto de Jesus!

Então, "Maria Madalena foi e anunciou aos discípulos: 'Eu vi o Senhor!' e contou o que ele lhe dissera" (v. 18). Ele falou com ela primeiro! Mesmo com tantas pessoas com as quais ele poderia ter falado, Jesus foi primeiro a ela. Ele poderia ter arrancado as portas do inferno ou as presas da boca do diabo. Pelo amor de Deus, ele tinha acabado de mudar o antes de Cristo para o depois de Cristo! Ele era o Rei indiscutível do universo. Dez mil anjos estavam posicionados com os olhos vidrados nele, prontos para servir, e qual foi o seu primeiro gesto? A quem ele se dirigiu? A Maria, a mulher que chorava de coração partido, que chegou a ser possuída por sete demônios.

Qual foi a razão? Por que ela em particular? Até onde sabemos, ela não se tornou missionária. Não há epístola com o seu nome. Nenhuma história do Novo Testamento conta o que ela fez. Então, por que Jesus criou esse momento para Maria Madalena? Possivelmente para mandar essa mensagem para as pessoas desanimadas: "O choro pode durar uma noite, mas alegria vem pela manhã" (Salmos 30:5, ARC).

A alegria vem.

Ela vem porque Jesus vem e, se não reconhecermos o rosto dele, ele nos chamará pelo nome. "Veja, eu gravei você nas palmas das minhas mãos;" (Isaías 49:16).

Seu nome não está gravado em nenhum arquivo celestial. Deus não precisa de crachá para se lembrar de você. Seu nome está tatuado, gravado, na mão dele. Ele tem mais pensamentos sobre você do que os grãos de areia do Oceano Pacífico.

Você é tudo para Deus.

Eu li a história de um sacerdote de Detroit que viajou para a Irlanda para visitar os parentes. Um dia, ele estava andando à beira do lago Killarney com o tio. Eles viram o sol nascer e, por longos vinte minutos, eles mal conseguiam falar. Quando voltaram a caminhar, o sacerdote notou que o tio estava sorrindo:

"Tio Seamus", ele disse, "você parece bem feliz".

"Eu estou feliz realmente!"

"Por quê?"

"Porque o Pai de Jesus me ama demais!"[2]

Ele também ama você demais, prezado amigo.

Você acha isso difícil de acreditar? Acha que estou falando com outra pessoa? Alguém mais santo, melhor, mais legal? Alguém que não acabou com o casamento nem estragou a carreira? Alguém que não esteja viciado em pílulas, ou na pornografia, ou na popularidade?

Você se enganou! Estou falando diretamente com você.

Estou dizendo que a melhor notícia do mundo não é que Deus criou o mundo, mas sim que Deus ama o mundo. Ele ama você! Você não conquistou esse amor. O amor que ele tem por você não acabará se você perder a cabeça. Esse amor não desaparecerá se você se perder, nem diminuirá se o comportamento piorar.

Todos os dias da sua vida, você tem sido amado.

Alguém lhe disse que Deus ama pessoas boas, mas isso está errado! Não existem pessoas boas.

Alguém lhe disse que Deus o amará se você o amar primeiro, mas não é assim! Ele também ama as pessoas que nunca pensaram nele.

Alguém lhe disse que Deus é bravo, chato e vingativo. Nada disso! Nós temos a tendência de nos irritarmos, de sermos chatos e de nos vingarmos, mas será que Deus é assim?

> O Senhor é compassivo e misericordioso, mui paciente e cheio de amor.
>
> Não acusa sem cessar nem fica ressentido para sempre; não nos trata conforme os nossos pecados nem nos retribui conforme as nossas iniquidades.
>
> Pois como os céus se elevam acima da terra, assim é grande o seu amor para com os que o temem; e como o Oriente está longe do Ocidente,
>
> assim ele afasta para longe de nós as nossas transgressões.
>
> Como um pai tem compaixão de seus filhos,
> assim o Senhor tem compaixão dos que o temem.
> (Salmos 103:8-13)

A alegria virá porque Deus ama você.

Mary Cushman aprendeu essa verdade.[3] A depressão dos anos 1930 quase destruiu sua família. O salário médio do marido encolheu para dezoito dólares por semana; devido aos problemas de saúde, havia semanas que não conseguia ganhar nem mesmo essa quantia.

Ela começou a lavar e passar para fora, e vestia os cinco filhos com roupas do Exército da Salvação. Isso chegou a um ponto em que o dono do mercado, a quem eles deviam quinze dólares, acusou seu filho de onze anos de idade de furto.

Essa foi a gota d'água. Ela disse:

> Não via luz alguma no fim do túnel... Eu desliguei minha máquina de lavar, levei minha filhinha de cinco anos para o quarto e fechei as janelas e as rachaduras da parede com papéis e trapos... Abri o registro de gás do aquecedor que tínhamos no quarto e não acendi. No momento em que deitei na cama com minha filha ao lado, ela disse: "Mamãe, que engraçado! Nós acabamos de levantar!" Mas eu disse, "Não se preocupe, vamos tirar uma pequena soneca!" Depois fechei os olhos, escutando o gás saindo do aquecedor. Nunca esquecerei o cheiro daquele gás...
>
> De repente, achei que tinha escutado alguma música e prestei atenção. Eu tinha esquecido de desligar o rádio da cozinha, mas isso não tinha importância naquele momento; contudo, a música continuou a tocar, e naquele momento ouvi alguém cantando um hino antigo:
>
> Quão bondoso amigo é Cristo!
> Carregou co'a nossa dor.
> E nos manda que levemos.
> Os cuidados ao Senhor.
> Falta ao coração dorido.

> Gozo, paz, consolação?
> Isso é porque não levamos.
> Tudo a Deus em oração
>
> Enquanto escutava aquele hino, eu percebi que cometi um erro terrível. Tinha tentado encarar todas as minhas batalhas terríveis sozinha... Levantei correndo, desliguei o gás, abri a porta e as janelas.

Ela prosseguiu explicando como passou o resto do dia agradecendo a Deus pelas bênçãos de que tinha esquecido: cinco filhos saudáveis. Ela prometeu que nunca mais seria ingrata novamente. Eles acabaram perdendo a casa, mas ela nunca perdeu a esperança. Eles sobreviveram à Grande Depressão. Esses cinco filhos cresceram, casaram-se e tiveram filhos.

> Quando me lembro daquele dia em que abri o registro de gás, eu agradeço a Deus várias vezes por ter me "acordado" a tempo. Quantas alegrias teria perdido... Quantos anos maravilhosos teria perdido para sempre! Toda vez que ouço falar de alguém que quer dar fim à sua vida, quero gritar para essa pessoa: "Não faça isso!" Os momentos mais escuros que vivemos podem ser bem breves – e depois o futuro vem.[4]

A alegria vem! Preste atenção nela. Espere por ela como espera o nascer do sol. Ela veio para Maria Madalena, para Mary Cushman, e virá para você, meu amigo.

Faça como o Povo da Promessa: continue vindo a Jesus mesmo quando o caminho estiver escuro, mesmo quando o sol parece dormir. Mesmo quando todas as pessoas fizerem silêncio, caminhe para Jesus. Foi isso que Maria Madalena fez. Ela não possuía o entendimento da promessa de Jesus e foi procurar por um Jesus morto, não por um Jesus vivo. Mas pelo menos ela estava lá, por isso, ele foi ao encontro dela.

E você? Você será tentado a desistir e fugir, mas não faça isso. Mesmo quando não tiver vontade, continue na caminhada para o sepulcro. Abra a sua Bíblia, medite nela, cante músicas de adoração e converse com outros cristãos. Coloque-se em um ponto onde possa ser encontrado por Jesus e o escute com cuidado. Aquele que parece ser um jardineiro pode muito bem ser o seu Redentor.

O choro vem para todos nós. O sofrimento nos deixa com o rosto inchado e o coração pesado. O choro vem, mas a alegria também. A escuridão vem, mas a manhã também. A tristeza vem, mas a esperança também. A tristeza pode durar a noite toda, mas não toda a nossa vida.

CAPÍTULO 12

VOCÊ RECEBERÁ PODER

> Mas receberão poder quando o Espírito Santo descer sobre vocês.
>
> —Atos 1:8

Quero que você pense na minha oferta, um ótimo negócio de um tripé novo. É de alta qualidade, resiste às intempéries e é leve. É dobrável, cabe em uma mochila e se ajusta para se encaixar em qualquer tipo de câmera. Esse tripé pode ser um tesouro que você passará a todos os fotógrafos da família. Você está interessado? A minha oferta é de um terço a menos que o preço normal. Isso é justo, já que esse tripé só não tem um dos seus três pés. Sim, é um tripé com dois pés. Imagine a praticidade de um pé a menos para dobrar e transportar. Não é à toa que ele é tão leve, afinal, quem precisa dos três pés?

Como? Você não precisa deles? Não gostou do preço? Prefere esperar pelo tripé de três pés?

Tudo bem. Agora deixe-me passar para a segunda oferta, um triciclo. Pense na alegria que seu filho pequeno terá indo e vindo pela calçada nesse triciclo espetacular. Vermelho como um caminhão de bombeiro, com enfeites que balançam nas manoplas e um sininho no guidão. Outra ótima oferta! Estou oferecendo por um terço a menos que o preço original. Com esse desconto, você pode levar toda a família para jantar! No entanto, esse triciclo tem uma roda a menos, mas ainda restam duas! De qualquer modo, com o tempo, a criança acaba precisando andar sobre duas rodas. É melhor que ela comece cedo, então, compre para ela esse triciclo de duas rodas.

O seu olhar é o mesmo. Olhando para o alto do mesmo modo que a Denalyn, e agora está suspirando. Vamos lá, não vá embora! Concordo que o tripé de dois pés não é bom, e nem o triciclo de duas rodas, mas eu tenho mais uma oferta para você analisar.

Você já viu algum prisma? Nada capta o brilho do sol tão bem como um prisma triangular. Você passará horas envolvido em fascinação total com as refrações dessa ferramenta simples. Então, distraia as crianças, impressione seu amor e tire boas notas na aula de ciências. Nenhuma casa está completa sem um prisma triangular. Esse combina muito bem com o consumidor que pensa no orçamento. Só existe um pequeno defeito de fábrica que deixou um dos lados opaco. Fique sabendo que os outros funcionam muito bem, mas um terço dele absorve a luz em vez de efetuar a refração. Concordo que o defeito oferece uma pequena desvantagem, por outro lado, qual o vizinho da sua quadra que tem um prisma de dois lados? É óbvio que, em compensação, farei um abatimento de um terço do valor.

Não se apresse em balançar a cabeça negativamente. Pense nisso! Um terço a menos do preço para um tripé de dois pés, um triciclo com duas rodas ou um prisma que não tem um dos lados. Você não consegue avaliar o lucro dessa oferta?

Claro que não, e você não tem culpa. Quem aceita adquirir dois terços enquanto pode ter tudo?

Muitos cristãos fazem exatamente isso. Pergunte a um deles: "Quem é Deus Pai?" Ele responde. Ou "Descreva o Deus Filho". Ele responderá rapidamente. Mas se você quiser ver os cristãos com dificuldades de responder, procurando por palavras, pergunte: "Quem é o Espírito Santo?"

Uma boa quantidade de cristãos aceita a oferta de dois terços de Deus. Eles confiam no Pai e no Filho, mas ignoram o Espírito Santo. Você não se enganaria com o tripé, o triciclo ou o prisma, e tenho certeza de que você não gostaria de cometer esse erro com a Trindade. A sua Bíblia refere-se mais de cem vezes ao Espírito Santo, e Jesus fala mais sobre o Espírito Santo do que sobre a igreja ou sobre o casamento. Na verdade, logo antes de ascender ao céu, enquanto preparava os seguidores para enfrentar o futuro sem ele, Jesus fez esta grande e preciosa promessa: "Vocês receberão poder quando o Espírito Santo descer sobre vocês" (Atos 1:8).

Imagine todas as promessas que Jesus poderia ter feito aos discípulos, mas não fez. Ele não prometeu sucesso imediato, nem ausência de doenças ou problemas. Ele nunca garantiu algum nível de renda ou de popularidade, mas prometeu a presença perpétua e capacitadora do Espírito Santo, que é essencial para a vida do cristão. Tudo o que acontece do livro de Atos até o final do livro do Apocalipse é resultado da obra do Espírito de Cristo. Ele se aproximou dos discípulos, habitou neles, e deu à Igreja Primitiva o impulso de que eles precisavam para enfrentar os desafios que estavam adiante deles.

Quem sabe você precise de um estímulo.

Há vários anos, quando minhas pernas eram mais fortes, minha barriga era mais lisa e o meu ego era maior, deixei que meu amigo Pat me convencesse a me inscrever em uma corrida de bicicletas. Para a sua informação, não era uma corrida comum, mas uma corrida que incluía dois quilômetros e meio de subida em um morro íngreme com um aclive de 12 por cento. Em outras palavras, era uma parte difícil da corrida, de levantar do selim, de incendiar o quadril e que exigia o máximo de ar possível. Chamada adequadamente de Killer Diller (algo como Diller assassino), a corrida superava as expectativas.

Eu sabia da fama dela, mas me inscrevi mesmo assim, porque o Pat, meu companheiro de ciclismo, disse que eu tinha condições de participar. Era fácil para o Pat dizer isso, pois ele tinha quinze anos a menos do que eu e participa dessas competições desde o ensino fundamental. Ele já pedalava em pelotões bem antes de a maioria de nós saber que eles existiam. Quando tive dúvidas com relação à ideia de completar a corrida, ele me garantiu: "Pode acreditar em mim, Max, você consegue!"

Eu quase não cheguei ao final da prova.

Rapidamente, os ciclistas que tinham habilidade deixaram bastante para trás aqueles dentre nós que éramos menos habilidosos. Nós, os retardatários barrigudos, inventávamos piadas sobre a subida que estava chegando, mas não deu tempo de brincar muito, pois é preciso fôlego para conversar. Em poucos instantes, precisamos de todo o ar possível para efetuar a subida. Eu me esforçava, com a língua de fora, praticamente na hora de ela começar. Quando eu estava na metade da subida, minhas coxas queimavam, e eu não estava tendo pensamentos muito bons sobre meu amigo Patrick.

Foi quando eu senti um empurrão. Uma mão estava me pressionando na cintura. Virei o rosto para olhar e era o Pat! Ele já tinha completado a corrida, mas, imaginando o meu cansaço total, retornou para a subida, desmontou sua bicicleta e apressou-se literalmente para me dar uma mãozinha. Ele começou a me empurrar para subir o morro! (O fato de ele poder me acompanhar mostra o quanto eu estava pedalando devagar). "Falei para você que conseguiria, ele disse. Eu vim para garantir".

O Espírito Santo promete fazer a mesma coisa. Depois que Jesus ascendeu ao céu, o Espírito Santo passou a ser o agente principal da Trindade na terra. Ele completará o que foi iniciado pelo Pai e pelo Filho. Apesar de todas as três expressões da divindade estarem em ação, o Espírito está à frente nos últimos tempos e promete nos dar poder, unidade, supervisão e santidade. Será que você precisa de um incentivo?

Ele promete *poder* para os santos. Ele é a força animadora por trás da criação.

> Todos eles dirigem seu olhar a ti,
> esperando que lhes dês o alimento no tempo certo;
> tu lhes dás, e eles o recolhem,
> abres a tua mão, e saciam-se de coisas boas.
> Quando escondes o rosto,
> entram em pânico;
> quando lhes retiras o fôlego,
> morrem e voltam ao pó.
> Quando sopras o teu fôlego,
> eles são criados,
> e renovas a face da terra. (Salmos 104:27-30)

Toda flor que desabrocha é a impressão digital do Espírito de Deus. "Se fosse intenção dele, e de fato retirasse o seu espírito e o seu sopro, a humanidade pereceria toda de uma vez, e o homem voltaria ao pó" (Jó 34:14-15).

O Espírito de Deus é a força vivificante da criação e, de modo mais importante, aquele que opera o novo nascimento do cristão. Jesus disse a Nicodemos:

> "[...] Digo-lhe a verdade: Ninguém pode entrar no Reino de Deus, se não nascer da água e do Espírito. O que nasce da carne é carne, mas o que nasce do Espírito é espírito. Não se surpreenda pelo fato de eu ter dito: É necessário que vocês nasçam de novo. O vento sopra onde quer. Você o escuta, mas não pode dizer de onde vem nem para onde vai. Assim acontece com todos os nascidos do Espírito". (João 3:5-8)

O Espírito Santo passa a habitar no cristão no momento da sua confissão de fé (Efésios 1:13). A partir desse momento, ele tem acesso ao poder real e à personalidade de Deus. Na medida em que o Espírito tem lugar para operar na vida do cristão, acontece uma transformação. Ele começa a pensar do modo como Deus pensa, amar como Deus ama e ver como Deus vê. Ele ministra com poder, ora com poder e anda com poder.

Esse poder inclui os dons do Espírito. "Mas o fruto do Espírito é amor, alegria, paz, paciência, amabilidade, bondade, fidelidade, mansidão e domínio próprio. Contra essas coisas não há lei" (Gálatas 5:22-23).

Essas características aparecem na vida de quem é santificado do mesmo modo como uma maçã aparece no galho de uma macieira. O fruto acontece como resultado de um relacionamento. Se cortar o galho da árvore, não haverá fruto, mas se o galho estiver unido ao tronco, os nutrientes fluem e nasce o fruto.

Assim acontece com o fruto do Espírito Santo. Se o relacionamento com Deus for mantido e não for manchado pela rebelião, pelo pecado ou pelo comportamento obstinado, pode-se esperar uma boa colheita. Não é necessário forçar, apenas esperar. Nosso dever é simplesmente manter a comunhão.

Além disso, desfrutaremos de alguns dons do Espírito: sabedoria, ensino, cura, profecia e interpretação das línguas (1Coríntios 12:8-10). Depois de relacionar uma amostra de dons possíveis, o apóstolo Paulo explicou: "Todas essas coisas, porém, são realizadas pelo mesmo e único Espírito e ele as distribui, individualmente, a cada um, conforme quer" (v. 11).

O Espírito Santo conhece cada santo e sabe as necessidades de cada igreja. Ele distribui os dons de acordo com o que a igreja precisará em determinada região ou época. Quando os dons estão em operação, a igreja recebe capacitação para fazer a obra para a qual foi chamada, por isso, não cobiçamos os talentos de outro cristão ou as realizações de outra igreja. Será que o saxofonista inveja o tubista? Isso não acontece enquanto cada músico estiver tocando a sua parte em particular e seguindo a direção do maestro. Quando os membros da igreja fazem o mesmo, o resultado é o poder de Deus visando à *unidade*.

O Espírito Santo é a galinha mãe com a asa estendida, insistindo para que a igreja se una em segurança. "Façam todo o esforço para conservar a unidade do Espírito pelo vínculo da paz" (Efésios 4:3). Não se diz aos cristãos que criem a unidade, mas, em vez disso, que mantenham a unidade que o Espírito proporciona. A harmonia sempre é possível porque o Espírito está sempre presente. Perde-se a desculpa "Não consigo trabalhar lado a lado com isso". Você pode até não conseguir, mas o Espírito dentro de você consegue.

A comunhão nem sempre é fácil, mas a unidade sempre é possível. Falar de outra maneira é dizer que o Espírito Santo não tem poder para fazer o que tanto tem vontade de fazer. Cada vez que uma igreja experimenta a comunhão, o Espírito Santo deve ser louvado. Toda vez que a igreja passa por conflitos ou desunião, o Espírito de Deus deve ser consultado.

> Ora, assim como o corpo é uma unidade, embora tenha muitos membros, e todos os membros, mesmo sendo muitos, formam um só corpo, assim também com respeito a Cristo. Pois em um só corpo todos nós fomos batizados em um único Espírito: quer judeus, quer gregos, quer escravos, quer livres. E a todos nós foi dado beber de um único Espírito. O corpo não é composto de um só membro, mas de muitos. (1Coríntios 12:12-14)

O Espírito Santo unifica a igreja e a *supervisiona*.

Conheci um homem que supervisionava um condomínio com vários prédios. Quando pedi a ele para descrever seu serviço, ele disse: "Eu mantenho o funcionamento daquele lugar". O Espírito Santo faz isso, e ainda mais pela igreja. Quer ver a sua lista de funções?

1. Consolar os cristãos (Atos 9:31).
2. Guiar o cristão em toda a verdade (João 16:13).
3. Fazer orações de intercessão (Romanos 8:26).
4. Dar testemunho de que o santo é salvo (Gálatas 4:6-7; Romanos 8:16).

5. Confirmar a presença de Deus com sinais e maravilhas (Hebreus 2:4; 1Coríntios 2:4; Romanos 15:18-19).
6. Criar uma atmosfera divina de verdade (João 14:16-17), sabedoria (Deuteronômio 34:9; Isaías 11:2) e liberdade (2Coríntios 3:17).

A lista de atividades é variada, maravilhosa e incompleta sem esta palavra: *santa*.

O Espírito de Deus também nos santifica, afinal de contas, ele não é o Espírito *Santo*? Uma de suas atividades principais é nos purificar do pecado e nos santificar para o santo trabalho. Paulo relembrou aos coríntios: "Mas vocês foram lavados, foram santificados, foram justificados no nome do Senhor Jesus Cristo e no Espírito de nosso Deus" (1Coríntios 6:11).

Já vi imagens de mulheres lavando roupas esfregando-as no tanque, e talvez essa seja uma boa ilustração da obra do Espírito Santo. Ele nos esfrega até que cheguemos a um estado em que não tenhamos mancha alguma. Por isso podemos estar em pé diante da presença de Deus.

> Mas quando, da parte de Deus, nosso salvador, se manifestaram a bondade e o amor pelos homens, não por causa de atos de justiça por nós praticados, mas devido à sua misericórdia, ele nos salvou pelo lavar regenerador e renovador do Espírito Santo, que ele derramou sobre nós generosamente por meio de Jesus Cristo, nosso Salvador. Ele o fez a fim de que, justificados por sua graça, nos tornemos seus herdeiros, tendo a esperança da vida eterna. (Tito 3:4-7)

A minha história com a bicicleta teve um final maravilhoso. Graças ao empurrão do Pat, eu subi o morro, desfrutei da conclusão de uma boa descida e cruzei a linha de chegada. Terminei no pelotão final, mas cheguei ao fim. Imagine se eu não aceitasse a ajuda do Pat. Suponha o absurdo de ter recusado a ajuda dele. Dá para imaginar a estupidez se eu parasse, saísse da bicicleta e lhe dissesse: "Não preciso de ajuda, muito obrigado!"; ou então se tivesse duvidado da habilidade dele para me ajudar. "Isso é demais até para você, Pat. Ninguém consegue subir o morro da Killer Diller".

Pior ainda: e se eu o tivesse acusado de ser o inimigo: "Você é falso! Suma daqui!"

Reagir ao Pat dessa maneira teria sido insensato.

Resistir dessa maneira ao Espírito Santo seria mais insensato ainda.

Paulo perguntou aos cristãos gálatas: "Será que vocês são tão insensatos que, tendo começado pelo Espírito, querem agora se aperfeiçoar pelo esforço próprio?" (Gálatas 3:3). Os cristãos de Éfeso também confiavam no esforço humano. "Vocês foram selados com o Espírito Santo da promessa" (Efésios 1:13). Mesmo assim, ele teve de exortá-los para que eles "deixem-se encher pelo Espírito" (Efésios 5:18). Interessante! Será que uma pessoa pode ser salva e não se deixar encher pelo Espírito Santo? Existiam pessoas assim em Éfeso e em Jerusalém. Quando os apóstolos instruíram a igreja para escolher diáconos, eles disseram: "Irmãos, escolham entre vocês sete homens de bom testemunho, cheios do Espírito e de sabedoria" (Atos 6:3). O fato de que deveriam ser escolhidos homens "cheios do Espírito Santo" sugere que existiam pessoas que deixavam a desejar nesse particular. Pode acontecer de termos o Espírito, mas não deixarmos que o Espírito de Deus tome conta de nós.

Há algum tempo, comprei um cartucho novo para a minha impressora, mas, quando fui usar, nenhuma letra apareceu sobre a página. Levei meia hora para perceber a fita adesiva bem fina que cobria a saída do cartucho. Havia tinta suficiente, mas não se podia imprimir nada até que a fita fosse removida.

Será que existe alguma coisa na sua vida que precisa ser tirada? Algum bloqueio à impressão do Espírito de Deus? Podemos entristecer o Espírito com nossas palavras irritadas e com nossa rebelião (Efésios 4:30-31; Isaías 63:10) ou resistir ao Espírito Santo com a nossa desobediência (Atos 7:51). Podemos tentar ou conspirar contra o Espírito

Santo com nossos planos (Atos 5:9) e até extingui-lo quando não consideramos os ensinos de Deus. "Não apaguem o Espírito. Não tratem com desprezo as profecias" (1Tessalonicenses 5:19-20).

Deixe-me fazer algumas perguntas diretas. Será que você está persistindo na desobediência? Está recusando-se a perdoar alguém? Você está cultivando o ódio? Está persistindo em um relacionamento adúltero ou em alguma atividade imoral? Alguma prática desonesta? Você está alimentando a carne e negligenciando a fé? Se a resposta for positiva, você está apagando o Espírito dentro de você.

Você quer ter o poder, a direção e a força do Espírito Santo? Então, "andemos também pelo Espírito" (Gálatas 5:25). Ele é o comandante-mor e nós somos a banda de marcha. Ele é o sargento, e nós, o pelotão. Ele dirige e lidera, nós obedecemos e seguimos suas ordens.

Essa é a dica que me ajuda a manter o ritmo da caminhada com o Espírito Santo. Sabemos que "o fruto do Espírito é amor, alegria, paz, paciência, amabilidade, bondade, fidelidade, mansidão e domínio próprio" (Gálatas 5:22-23). Essas emoções são indicadores do nosso painel espiritual. Toda vez que as sentimos, sabemos que estamos andando em Espírito. Do mesmo modo, sempre que elas não estiverem presentes, sabemos que perdemos o passo na marcha com o Espírito.

Há pouco tempo, senti o empurrão dele para me corrigir. Encontrei um amigo na loja de conveniência e, para ajudar a compreensão, minha cabeça estava refletindo sobre o assunto polêmico da política de imigração. Estava ouvindo o rádio enquanto seguia minha rotina. Todos os programas eram apinhados de pessoas com suas opiniões a respeito de uma lei federal que tinha acabado de sair regulamentando a política de fronteira.

Eu só queria tomar o café da manhã acompanhado de um taco. O Espírito Santo me deu mais do que eu tinha pedido e fiquei contente em ver meu amigo, em apertar-lhe a mão e perguntar como ele estava. Ele é um sujeito alegre, sempre pronto para contar alguma piada ou dar uma risada, mas naquele dia não se via nada disso nele. Estava sério e não me contou a razão, nem eu lhe perguntei, mas naquele momento o Espírito Santo me deu um... qual era mesmo a palavra? Um *empurrão*.

Eu já estava quase do lado de fora, com o café em uma das mãos e a chave do carro na outra, quando pensei na esposa dele. De algum modo, eu sabia que ela estava em situação ilegal; não tenho ideia de como sabia disso, mas sabia. E também sabia que precisava conversar com ele.

Eu não tinha a mínima vontade. Para começo de conversa, eu tinha muito o que fazer. Em segundo lugar, eu nem sabia o que dizer. Além disso, e se ele não quisesse se abrir? E se fosse uma questão pessoal? E se eu descobrisse alguma coisa que realmente não queria saber? Eu tinha minhas razões, mas o Espírito Santo não pediu a minha opinião. A sugestão foi tão forte que ignorá-la teria sido desobediência da minha parte.

Ele ainda estava na loja, então voltei para falar com ele. "Oi, eu... eu estava pensando em todas essas questões sobre imigração... Como vocês estão lidando com tudo isso?"

Num instante seus olhos ficaram cheios de lágrimas. Ele olhou em volta para ver se alguém estava olhando ou escutando. "Por que você está me perguntando isso?"

"Por curiosidade".

"Na verdade", ele disse, "estamos com alguns problemas".

Disseram-lhe para não deixar a esposa sair de casa para que não fosse capturada na rua e deportada para o México. Ele tinha sido pressionado por um advogado de imigração. Estava sem dinheiro, sem opção, e sentia a cada dia mais que o mundo inteiro estava contra ele.

Então, eu lhe dei algumas ideias. Em uma semana ele já tinha um advogado honesto, dinheiro para pagar a conta e motivos para ter uma boa noite de sono. Tudo isso porque o Espírito Santo me deu um empurrão.

Não sei por que Deus age assim. Ele não nos revela a sequência, o cronograma, nem o ritmo. Só sabemos disto: "É Deus quem efetua em vocês tanto o querer quanto o realizar, de acordo com a boa vontade dele" (Filipenses 2:13). A mesma mão que tirou a pedra do sepulcro pode mandar para longe a sua dúvida, e o mesmo poder que moveu o coração parado de Cristo pode estimular a sua fé enfraquecida. A mesma força que fez Satanás fugir tem o poder e, certamente, derrotará o inimigo em sua vida.

Que o seu objetivo pessoal seja sentir, ver e ouvir o Espírito Santo. Será que um tripé de dois pés tem alguma utilidade? Ou um triciclo de duas rodas? Ou um prisma de dois lados? Claro que não. Beneficie-se de tudo o que Deus tem para lhe oferecer. Firme seu coração nessa promessa: "Vocês receberão poder quando o Espírito Santo descer sobre vocês" (Atos 1:8).

CAPÍTULO 13
A JUSTIÇA PREVALECERÁ

> Pois [Deus] estabeleceu um dia em que há de julgar o mundo com justiça.
>
> —Atos 17:31

Em 14 de dezembro de 2012, Daniel Barden, de onze anos, acordou cedo. O céu escuro do lado de fora da sua casa de Newtown, no estado de Connecticut, criava tons de vermelho alaranjado e havia luzes de Natal nos telhados das casas vizinhas.

"Isso não é lindo?", ele perguntou ao seu pai, que tirou uma foto da paisagem. A manhã estava repleta de momentos doces. Em certo momento, Daniel correu pela entrada ainda de pijama e chinelo para abraçar a irmã Natalie antes de ela sair. Ele e o pai dele tocaram "Sino de Belém" no piano. Mais tarde, Daniel desceu a escada correndo com a escova de dente na mão para se despedir da mãe antes de ela sair para o trabalho. De modo geral, era uma manhã cheia de alegria e descontraída.

Ninguém imaginava que seria a última manhã de Daniel. Ele foi uma das vinte crianças e seis adultos mortos por um atirador desequilibrado na Escola de Ensino Fundamental Sandy Hook naquela manhã.[1]

O massacre de Sandy Hook não foi o primeiro da história dos Estados Unidos, mas pareceu ser o mais cruel, pois não se tratava de uma reunião de adultos, era uma classe de crianças. Não era uma zona de guerra, e sim um bairro calmo. Eles não eram bandidos, mas crianças no início da idade escolar, que levavam mochilas e lancheiras e acreditavam em Papai Noel. Que coisa horrível em plena época de Natal!

Nenhuma criança merece uma morte dessas! Nenhum pai merece tanta dor, e isso nos faz lembrar de algo bem comum: a vida não é justa.

Onde você aprendeu essas palavras? *Isso não é justo!* Que acontecimento expôs você à balança desequilibrada da vida? Será que algum acidente de carro levou o seu pai? Será que os amigos se esqueceram de você, algum professor o ignorou, ou algum adulto o violentou? Já fez alguma vez a oração do salmista: "Senhor, até quando ficarás olhando? (Salmos 35:17). Quando você fez pela primeira vez a pergunta do profeta: "Por que o caminho dos ímpios prospera?" (Jeremias 12:1). Por que será? Por que os traficantes enriquecem? Por que os agressores sexuais ficam impunes, e os charlatões conseguem se eleger? Qual é a razão da soltura dos assassinos, do sucesso dos traidores, da recompensa dos canalhas e da promoção dos hipócritas?

Até quando a injustiça florescerá? A resposta de Deus é direta: não por muito tempo. A Escritura revela uma promessa equilibrada: "Porque [Deus] estabeleceu um dia em que há de julgar o mundo com justiça" (Atos 17:31).

Ele não está sentado sem fazer nada, tampouco está esperando de braços cruzados. Cada dia que passa nos deixa mais perto do dia no qual Deus julgará todo o mal. Estabelecer significa escolher.[2] Ele escolheu o Dia do Juízo, marcou a hora e reservou o momento. O juízo não é uma possibilidade, mas sim uma dura realidade.

O "Dia do Juízo Final" é um termo impopular. Não gostamos da imagem de um grande dia de prestação de contas, e isso é irônico. Nós desprezamos o juízo, mas valorizamos a justiça, sendo que uma coisa depende da outra. Não há como haver justiça sem juízo, por isso "todos nós devemos comparecer perante o tribunal de Cristo, para que cada um receba de acordo com as obras praticadas por meio do corpo, quer sejam boas quer sejam más" (2Coríntios 5:10).

A palavra grega para julgamento é *béma*, um termo que denota um tribunal em audiência, um lugar onde o juiz está presente e onde se declaram os veredictos. "Estando Pilatos sentado no tribunal" (Mateus 27:19).

A linguagem apocalíptica de João chama o tribunal de "o grande trono branco".

> Depois vi um grande trono branco e aquele que nele estava assentado. A terra e o céu fugiram da sua presença, e não se encontrou lugar para eles. Vi também os mortos, grandes e pequenos, de pé diante do trono, e livros foram abertos. Outro livro foi aberto, o livro da vida. Os mortos foram julgados de acordo com o que tinham feito, segundo o que estava registrado nos livros. (Apocalipse 20:11-12)

Esse juízo acontece depois do Milênio e depois de Satanás, a besta, e o falso profeta serem lançados no lago de fogo (Apocalipse 20:7-10). Os livros que contêm os registros das obras de todas as pessoas, sejam boas ou más, serão abertos (v. 12), e Deus recompensará ou punirá a cada um adequadamente.[3]

Outro livro, o Livro da Vida, revela o destino eterno de cada pessoa. O nome dos filhos de Deus redimidos aparece nesse livro que foi escrito por Deus "desde a fundação do mundo" (Apocalipse 17:8). Todo aquele cujo nome não está "inscrito no livro da vida" será "lançado no lago de fogo" (Apocalipse 20:15).

Ao mesmo tempo que é claro que o juízo do Grande Trono Branco é o Juízo Final, os cristãos discordam sobre quem será julgado. Alguns creem que haverá três julgamentos separados: o julgamento das nações (Mateus 25:31-46), o julgamento das obras dos cristãos, geralmente chamado de "tribunal [*béma*] de Cristo" (2Coríntios 5:10) e o juízo do

Grande Trono Branco no final do Milênio (Apocalipse 20:11-15), em que os incrédulos serão julgados de acordo com suas obras e sentenciados ao castigo eterno no lago de fogo.

Outros estudantes da Bíblia veem os três julgamentos como partes de um julgamento principal. Sejam quantos forem os julgamentos, haverá uma versão final e completa, e todos os incrédulos serão julgados por Cristo e punidos, mas os que creem serão salvos pela graça e aplaudidos pelas suas obras (Mateus 16:27).

A partir do seu trono, Jesus equilibrará para sempre a balança da justiça. Ele fará isso por meio de três declarações:

1. ELE PERDOARÁ PUBLICAMENTE O SEU POVO.

Paulo declarou aos coríntios que "todos nós devemos comparecer perante o tribunal de Cristo" (2Coríntios 5:10). A palavra "nós" inclui toda a humanidade. Paulo não excluiu o nome dele da lista, nem nós devemos excluir o nosso.

Bem que nós gostaríamos de fazer isso, especialmente quando consideramos que esse será o "dia em que Deus julgar os segredos dos homens, mediante Jesus Cristo" (Romanos 2:16). Não quero que você ouça meus pensamentos secretos, nem que minha congregação saiba as pregações das quais tive medo ou as conversas que evitei. Por que Cristo exporá toda obra e todo desejo do coração do cristão? Ele fará isso em nome da justiça, pois quer declarar que todo pecado foi perdoado.

Deus filtra seu veredito por meio de Jesus. Os cristãos não estarão sozinhos diante do tribunal. Jesus estará ao nosso lado. Do mesmo modo que o pecado será revelado, assim será o perdão.

"Max mentiu para o professor". Jesus: "Eu levei o castigo".

"Max escondeu a verdade". Jesus: "Eu morri por esse pecado".

"Max reclamou outra vez". Jesus: "Eu sei. Eu já lhe perdoei".

A leitura prosseguirá até que todos os pecados de cada cristão sejam proclamados e perdoados. Você pode estar pensando: *isso levará um bom tempo!* Com certeza levará, apesar da possibilidade de que o céu tenha uma medida de tempo diferente. Se não tiver, teremos todo o tempo do mundo, até porque a justiça exige uma prestação de contas detalhada. Ele não permitirá nenhum traço de injustiça em seu novo reino. Cada cidadão saberá que todos os pecados foram trazidos à tona e perdoados. O céu não pode ser céu com a presença de segredos ou acontecimentos enterrados do passado.

Você não será envergonhado. Pelo contrário, ficará impressionado, e seu respeito crescerá com o prolongamento da lista de pecados perdoados. Você sentirá por Deus o que o meu amigo sentiu quando o juiz declarou sua inocência. Ele recebeu 66 acusações do governo federal norte-americano. Seu julgamento durou três semanas torturantes. Se fosse condenado, passaria o resto da vida na prisão.

Estava viajando quando recebi uma mensagem no celular. "O júri voltou. Estão quase lendo o veredito". Esperei pela próxima mensagem, e mais um pouco, e mais outro instante. Fiquei impaciente. Mandei uma mensagem para um advogado que estava ajudando no caso. "Por que está demorando tanto?" Ele respondeu: "O juiz deve dar um veredito para cada acusação, uma após a outra. Os registros do tribunal exigem um registro permanente para cada uma delas".

Levou vinte minutos para que o veredito fosse lido. Meu amigo estava em pé diante do juiz quando ele foi declarado "inocente" 62 vezes. O júri, a equipe jurídica, as pessoas que enchiam a sala, os acusadores, o taquígrafo, todos o ouviram. Se acaso houvesse uma equipe de manutenção na sala, eles o ouviriam. A menos que houvesse alguma pendência quanto ao veredito, o tribunal incluiu as palavras seguintes ao lado de cada acusação:

Inocente!

Inocente!

Inocente!

Deus promete a mesma proclamação de inocências para mim e para você. Estaremos em pé diante do Juiz enquanto nossa vida será examinada, e para cada transgressão Deus declarará seu perdão. O diabo ouvirá o veredito. Os santos ouvirão o veredito. Os demônios ouvirão o veredito. Os anjos ouvirão o veredito.

Inocente!

Inocente!

Inocente!

O resultado será um céu enfeitado de justiça. Nenhum santo olhará para o outro com suspeita. Nenhum santo olhará para o passado dele ou dela com sentimento de culpa. Tudo será exposto e tudo será perdoado. A exposição pública dos pecados perdoados motivará uma gratidão eterna a nosso Salvador. Enquanto isso, ele perdoa publicamente seu povo...

2. Ele aplaudirá o serviço dos seus servos.

"[...] Ele trará à luz o que está oculto nas trevas e manifestará as intenções dos corações. Nessa ocasião, cada um receberá de Deus a sua aprovação" (1Coríntios 4:5).

Deus levará você a uma jornada passando a cada dia e a cada momento, dando elogio a cada um deles. "Você deu o lugar para alguém no ônibus. Muito bem! Você deu boas-vindas a um aluno na aula. Bom trabalho! Você perdoou o irmão, incentivou o vizinho... Você ficou acordado durante a pregação do Max. Estou tão orgulhoso de você!"

"Deus não é injusto; ele não se esquecerá do trabalho de vocês e do amor que demonstraram por ele, pois ajudaram os santos e continuam a ajudá-los" (Hebreus 6:10). Nosso Deus justo reconhecerá a administração fiel. Se você investir seus tesouros para honrá-lo na terra, ele lhe dará mais dons no céu. Se você dedicar os talentos em sua honra, ele lhe dará mais talentos. A mesma caneta que registra nossos pensamentos impuros anota os nossos pensamentos puros também; e sabe quem está esperando por você na linha de chegada? Jesus Cristo! "Muito bem, servo bom e fiel! Você foi fiel no pouco, eu o porei sobre o muito" (Mateus 25:23).

Meu amigo Dan é um corredor incansável. Tínhamos o costume de correr alguns quilômetros juntos, mas depois fui ficando mais velho, e ele mais forte. Esse é um bom assunto para um livro sobre como manter a saúde. Ele acabou conseguindo completar um triatlo Ironman em Lake Placid, Nova York. Esse evento destaca-se dentre todos os Ironman ao redor do mundo por causa da participação da comunidade. O quilômetro final da corrida é realizado na pista do estádio da escola de ensino médio, e os habitantes de Lake Placid (com a população de 2500 pessoas) enchem as arquibancadas só para aplaudir os finalistas. Eles chegam no início da tarde para festejar com o vencedor e permanecem até a noite para esperar pelos últimos corredores. Muitos deles só conseguem chegar ao estádio bem depois do anoitecer.

Dan pertencia a esse último pelotão. Ele havia nadado, andado de bicicleta e corrido desde as oito horas da manhã. As pernas estavam com cãibras e os pés, inchados. Tudo dentro dele queria desistir até que ele ouviu o barulho. A quilômetros do estádio, ele ouvia os aplausos da multidão reunida naquele lugar.

Ele apressou o passo, pois conseguia ver as luzes do estádio bem de longe; esqueceu a dor nas pernas e sentiu um entusiasmo em seu coração. "Estou quase lá!"

Em meia hora, alcançou o estacionamento do estádio e, naquele instante, o barulho era ensurdecedor. Ele ajeitou as costas, respirou profundamente e passou pela entrada do estádio. Pelo sistema de alto falantes, ele ouviu: "Direto de San Antônio, no Texas, Dan Smith!"

O lugar explodiu! Pessoas que ele nunca tinha visto estavam gritando seu nome. As crianças estavam repetindo: "Dan! Dan! Dan!" A dor passou e o cansaço foi para o esquecimento. Ele estava rodeado de uma imensa multidão de testemunhas.

O mesmo acontece com você, meu amigo, e você ouvirá uma multidão de filhos de Deus torcendo por você. Noé está entre eles, e também Maria, a mãe de Jesus. O seu professor do ensino fundamental grita o seu nome, e até mesmo um tio que você nunca conheceu. Consegue ouvir a torcida dos mártires do primeiro século? E a torcida dos líderes de igrejas nas casas da China ou dos missionários para a África do século XVIII? Alguns de nós terão a mãe ou o pai, o irmão ou a irmã... até mesmo um filho na arquibancada. Eles são parte da "grande nuvem de testemunhas" (Hebreus 12:1).

Deus registra e recompensa a sua bondade, e o que ele faz é simplesmente justo. Já que ele é um Deus justo, ele declarará o perdão do seu povo, aplaudirá o serviço dos seus servos e...

3. ELE HONRARÁ OS DESEJOS DOS PERVERSOS.

Algumas pessoas se apresentarão diante do Deus que "não o glorificaram como Deus, nem lhe renderam graças [...] Trocaram a glória do Deus imortal por imagens feitas segundo a semelhança do homem mortal..." (Romanos 1:21, 23). Eles passaram a vida toda desonrando o Rei e fazendo mal ao seu povo. Zombaram do seu nome e entristeceram a vida do próximo.

Um Deus justo tem que honrar os desejos daqueles que o rejeitam.

Até o nosso sistema judicial, frágil por natureza, não força a defesa sobre o acusado. Oferece-se um advogado para o réu, mas, se ele escolhe apresentar-se ao juiz sozinho, o sistema permite isso.

Deus também age dessa forma. Ele oferece o Filho dele como advogado. No julgamento, Jesus estará ao lado de todas as pessoas, exceto daquelas que o rejeitarem. Quando as obras deles forem lidas, o tribunal do céu ficará em silêncio.

"Você negou a minha presença". Silêncio.

"Você agrediu a meus filhos". Silêncio.

"Você difamou o meu nome". Silêncio.

"Você ignorou a minha Palavra". Silêncio.

"Você rejeitou meu Filho". Silêncio.

Que resposta pode-se dar a isso? Que defesa pode ser dada? Deus está certo. Ele é justo. Ninguém no céu ou no inferno acusará o Juiz de injustiça quando ele anunciar: "[...] Malditos, apartem-se de mim para o fogo eterno, preparado para o Diabo e os seus anjos" (Mateus 25:41).

A justiça prevalecerá.

Essa promessa pode não ter importância para você. Para algumas pessoas, a vida parece ser razoável e justa. Se você se enquadra nisso, isso é uma bênção! Existem outras, no entanto, que lutam todo dia contra a ira. Foram roubadas, foram privadas por vários dias do convívio com as pessoas amadas por obra de pessoas más, ou a doença destruiu o corpo delas. Essas pessoas acreditam que a justiça deve ser feita.

Eu faço parte desse segundo grupo. Meu irmão foi roubado. O alcoolismo arrebatou-lhe a alegria de viver. Por dois terços dos seus 57 anos, ele teve problemas com a bebida. Isso custou-lhe a família, as finanças e os amigos. Sei que ele não era inocente, pois foi ele quem comprou a bebida e fez as escolhas erradas, mas, mesmo assim, tenho certeza de que Satanás destacou um esquadrão especial de capangas para tentá-lo. Quando descobriram a fraqueza dele, não deram sossego. Eles o atacaram e tiraram-lhe o juízo.

Estou pronto para ver Satanás pagar pelos crimes que cometeu contra meu irmão. Também estou ansioso pelo momento em que estarei ao lado de Dee, com nosso corpo redimido e seguro. Juntos, veremos o diabo amarrado, acorrentado e lançado no lago de fogo. Nesse momento, começaremos a recuperar o que o diabo levou. "Pois [Deus] estabeleceu um dia em que há de julgar o mundo com justiça" (Atos 17:31).

Deixe essa aliança abater a raiva que você sente do mundo que fere a sua vida. As devastações banharam de sangue todas as gerações. Será que sobrou algum quilômetro quadrado de terra que não tenha sido manchado de sangue? Os hutus assassinaram oitocentas mil pessoas, principalmente os tutsis. Hitler exterminou seis milhões de judeus e meio milhão de ciganos. As bombas americanas devastaram Hiroshima e Nagasaki. Os japoneses torturaram os soldados americanos. As bombas suicidas explodiram em Bagdá, e um assassino em massa devastou Sandy Hook. Isso não está certo, não é justo, não é direito que o mal prospere. Enquanto você medita se os ímpios ficarão impunes ou se as injustiças não serão tratadas, deixe que essa promessa satisfaça seu desejo de justiça. Deus terá a palavra final. "Deus é um juiz justo, um Deus que manifesta cada dia o seu furor" (Salmos 7:11).

Até esse dia, siga o exemplo das mulheres de uma vila de Dinka, no Sudão. Os soldados apoiados pelo governo assolaram o assentamento delas, matando cruelmente e tratando de forma desumana mais de cem pessoas. Os fundamentalistas muçulmanos capturaram os homens fortes, abandonaram os fracos, incendiaram os casebres, e destruíram as plantações. No entanto, o terror deu lugar à esperança. Um remanescente dos sobreviventes, as esposas e as mães dos assassinados e dos desaparecidos juntaram varas de madeira e as amarraram em forma de pequenas cruzes. Antes de sepultarem os corpos e chorarem as perdas, elas prensaram as cruzes no chão, não como memoriais da sua dor, mas como declarações da sua esperança, pois elas seguiam a Jesus. As varas cruzadas expressavam a fé viva que elas tinham em um Deus amoroso que poderia e daria sentido a essa tragédia um dia.[4]

Faça o mesmo com as suas tragédias. Coloque-as à sombra da cruz e lembre-se de que Deus entende a injustiça. Ele acertará tudo o que está errado e sarará todas as feridas. Ele preparou um lugar onde a vida será finalmente e para todo o sempre... justa.

CAPÍTULO 14

PROMESSAS INDISSOLÚVEIS, ESPERANÇA INABALÁVEL

> Temos esta esperança como âncora da alma, firme e segura.
>
> — Hebreus 6:19

Bem depois de as crianças tomarem banho e irem dormir, a mãe solteira dá uma olhada nas contas e no extrato bancário. Ela vê contas demais e dinheiro de menos. Telefona para todos os amigos, pede todos os favores que pode e dedica o máximo de horas durante o dia para ganhar mais dinheiro. Ela olha pela janela do pequeno apartamento imaginando a quem possa recorrer.

Também há o homem cansado na UTI em pé ao lado da cama do amor da sua vida. Ele mal consegue se lembrar de algum dia sem estar ao lado dela. Casaram-se tão jovens, e ele nunca conheceu nada tão puro como o coração daquela mulher. Ele inclina-se sobre o rosto dela e afaga seus cabelos brancos. Ela não reage. O médico lhe diz para despedir-se dela. A esperança do marido se esgota.

O que dizer então do executivo que está sentado em sua grande mesa em um grande escritório? O aperto da mão é forte, a voz é confiante, mas não se engane com a postura dele. Se a capacidade dele de pagar as dívidas fosse um avião a jato, ele estaria em parafuso. O banqueiro quer fazer uma reunião, o contador quer se demitir, e onde está a esperança? Pegou um trem para o litoral há uma semana e ainda não voltou.

Você conhece muito bem essa sensação. Todos nós sabemos, até mesmo as pessoas mais otimistas, que sempre veem uma luz no fim do túnel e que cantam que "o melhor está por vir" quando o celular toca. Tem horas que nos falta a esperança. A pergunta é: a quem podemos recorrer quando isso acontece?

Sugiro que recorramos a esta promessa grandiosa e preciosa: "Temos esta esperança como âncora da alma, firme e segura, a qual adentra o santuário interior, por trás do véu, onde Jesus, que nos precedeu, entrou em nosso lugar" (Hebreus 6:19-20).

Observe as palavras-chave da primeira frase: *âncora* e *alma*.

Não é necessário que se explique o que é uma âncora. Quem sabe você já tenha segurado alguma âncora de ferro com as extremidades pontudas, ou até mesmo tenha jogado uma de um barco na água e sentiu o tranco quando ela encontrou seu lugar seguro. A âncora tem uma finalidade – firmar o barco. Para resistir às intempéries, é preciso uma boa âncora, como aquela que está tatuada no antebraço do Popeye. Ela é forte e de duas pontas, uma âncora que possa enganchar-se de um modo seguro em um objeto que seja mais forte que a tempestade. Você precisa de uma âncora boa.

Quer saber o motivo? Simplesmente porque você é um vaso precioso. Você tem uma alma. Quando Deus soprou dentro de Adão, deu-lhe mais do que oxigênio: concedeu-lhe uma essência eterna, deu-lhe uma alma.

O fato de você ter uma alma diferencia você do seu peixe-dourado de estimação. Vocês dois se alimentam, têm olhos e espinhas – o peixe no corpo e você no rosto. Apesar de serem bem parecidos, existe uma diferença enorme – a alma.

Você tem a capacidade de refletir sobre o sentido da vida por causa da sua alma. Ela é a razão de você pensar sobre seu destino eterno. É ela que faz você ter conflitos entre o certo e o errado, valorizar a vida das outras pessoas, embargar a voz ao som do hino nacional e encher os olhos de lágrimas quando vê seu filho nascer. O peixe-dourado não faz nada disso.

A alma distingue você dos animais e une você a Deus. É ela que precisa de uma âncora, pois é frágil. Ela sente a dor da morte e conhece as questões da enfermidade. O fígado sofre por causa de um tumor, mas a alma sofre por causa dos seus questionamentos. Portanto, a alma precisa de uma âncora, um ponto de apoio que seja mais firme do que a tempestade.

Essa âncora não está firmada em algum barco, nem em alguma pessoa ou bem. Ela está firmada no "santuário interior, por trás do véu, onde Jesus, que nos precedeu, entrou em nosso lugar" (vv. 19-20). Nossa âncora, em outras palavras, está firmada na própria sala do trono de Deus. Podemos até imaginar a âncora amarrada no próprio trono. Ela nunca se soltará, a corda nunca se romperá. A âncora está firmada, e a corda é forte. Sabe por quê? Porque ela está a salvo do diabo e sob os cuidados de Cristo. Já que ninguém pode tirar Cristo de você, ninguém pode tirar sua esperança.

Será que os críticos definem sua identidade? Não, porque Deus disse: "Façamos o homem à nossa imagem" (Gênesis 1:26), e isso inclui você.

Será que os desafios podem esgotar a sua força? Não, porque "somos herdeiros; herdeiros de Deus e co-herdeiros com Cristo" (Romanos 8:17). Você tem acesso à fortuna da família.

Será que você é vítima das circunstâncias? Nem um pouco! Porque "a oração de um justo é poderosa e eficaz" (Tiago 5:16).

Será que Deus tem algum lugar para as pessoas pequenas do mundo? Pode ter certeza! "Deus se opõe aos orgulhosos, mas concede graça aos humildes" (1Pedro 5:5).

Será que alguém pode entender onde o seu sapato aperta? Sim, Jesus pode! Porque, assim "como nós, passou por todo tipo de tentação" (Hebreus 4:15).

Você se sente sozinho em meio aos problemas? Saiba que não está sozinho. Jesus "está à direita de Deus, e também intercede por nós" (Romanos 8:34).

Será que Deus pode perdoar seus erros? Ele já os perdoou. "Agora já não há condenação para os que estão em Cristo Jesus" (Romanos 8:1).

Será que a sepultura é um beco sem saída? Não, muito pelo contrário, "A morte foi destruída pela vitória" (1Coríntios 15:54).

Será que o seu sofrimento terá fim? Às vezes parece que não, mas Deus nos garantiu: "O choro pode durar uma noite, mas a alegria vem pela manhã" (Salmos 30:5, ARC).

Será que você terá sabedoria e energia para o resto da sua vida? Você não terá, mas o Espírito Santo em você sim. "Vocês receberão poder quando o Espírito Santo descer sobre vocês" (Atos 1:8).

A vida não é justa, mas ele será, "pois [Deus] estabeleceu um dia em que há de julgar o mundo com justiça" (Atos 17:31).

A morte, o fracasso, a traição, a doença, a decepção — eles não podem tirar a sua esperança, porque não podem tirar Jesus de você.

No seu livro *The Grand Essentials* [Os grandes fundamentos], Ben Patterson conta sobre um submarino S-4 que naufragou longe da costa de Massachussetts. Toda a tripulação ficou presa e todos os esforços foram feitos para resgatar os marinheiros, mas fracassaram. Perto do final da tragédia, um mergulhador de águas profundas ouviu batidas na parede de aço do submarino naufragado. Quando ele pressionou a orelha no submarino, ouviu um marinheiro bater esta pergunta em código Morse: "Existe alguma esperança?"[1]

Será que não é isso mesmo que você está se perguntando? Será que você é a mãe solteira que não tem recursos, ou o homem na UTI cujas forças se esgotaram, ou o executivo sem respostas? Você é esse que está fazendo a pergunta: existe alguma esperança?

Uma das pessoas que se depararam com essa questão foi Jonathan McComb.

A família McComb era o modelo da família norte-americana. Dois filhos bem jovens e lindos, um casamento belíssimo. Jonathan era fazendeiro e Laura vendia produtos farmacêuticos. Eram pessoas que obedeciam a Deus, felizes, ocupadas e tranquilas. Daí veio a tempestade. A previsão era de chuva, mas quem poderia prever uma enchente que acontece uma vez a cada cem anos? Ninguém! O rio Blanco subiu oito metros e meio em noventa minutos e enfureceu-se por toda a região montanhosa do Texas, levando casas, carros e pontes por onde passava. Jonathan e sua família buscaram abrigo no segundo andar da cabana onde moravam, mas isso não era possível, pois a casa havia sido arrancada do alicerce. Eles então se agarraram a um colchão em meio a um turbilhão de água.

Jonathan foi o único sobrevivente.

Quando eu e Denalyn fomos visitá-lo no hospital, ele mal conseguia se mexer de tanta dor, mas as costelas e o quadril quebrados não eram nada em comparação com o seu coração partido. Jonathan até tentava falar, mas só conseguia chorar.

Algumas semanas depois, ele conseguiu reunir forças para falar no enterro da sua esposa e de seus dois filhos. Parecia que toda a cidade de Corpus Christi, no estado do Texas, estava lá. Não havia uma cadeira vazia em toda a igreja, nem quem pudesse conter as lágrimas. Por bem mais de meia hora, Jonathan traçou um perfil de sua esposa e de seus filhos. No momento em que falou das risadas e das alegrias deles, e do quanto a sua casa tinha ficado vazia, ele disse:

> As pessoas têm me perguntado sobre a minha situação e sobre como posso permanecer tão forte e otimista numa situação como essa. Tenho respondido a essas pessoas que tenho encontrado apoio em minha família, nos meus amigos e, de um modo mais importante, na minha fé... Laura sempre me perguntava a cada

domingo depois do culto: "Como podemos fazer com que mais pessoas venham à igreja e aprendam sobre a salvação?" Bem, Laura, o que você acha? Elas estão todas aqui.

Um versículo em particular que tenho guardado no coração por todos esses anos também tem me ajudado: "Confie no Senhor de todo o seu coração e não se apoie em seu próprio entendimento" (Provérbios 3:5). Não tenho como explicar a razão pela qual acontece algo tão trágico como essa enchente e por que tantas vidas se perdem, mas eu sei que Deus não nos dará nada que não possamos suportar. Eu sei que estamos aqui por pouco tempo, mas pode confiar que, se eu pudesse dar todos os ossos quebrados do meu corpo para tê-los de volta, eu o faria, mas isso não está ao nosso alcance... Sim, eu sei que toda essa tragédia é horrível, e eu tenho andado chateado, irritado, confuso, sempre me perguntando a razão de tudo isso. Chorei o suficiente para encher esse rio umas cem vezes, mas eu sei que não posso passar a vida chateado, ou irritado, ou me perguntando a razão de tudo isso, porque, quando chegar a minha hora e eu estiver junto com eles no céu, eu terei a resposta. Pode acreditar que essa será a primeira pergunta que farei.

Anotei todas as vezes que Jonathan usou a frase "Eu sei".

Eu sei que Deus não nos dará nada que não possamos suportar.
Eu sei que estamos aqui por pouco tempo
Eu sei que toda essa tragédia é horrível
Eu sei que... [estarei] junto com eles no céu.

Jonathan não era ingênuo nem teve falta de consideração, tampouco reagiu com uma crença superficial ou rasa. Ele sabia que a tragédia era horrível, porém, em meio à tempestade, ele encontrou a esperança, uma esperança inabalável. Ele não encontrou respostas fáceis, mas encontrou a Resposta. Ele tomou a decisão consciente de construir sua vida com base nas promessas de Deus.

Jesus encorajou seus seguidores a "orar sempre e nunca desanimar" (Lucas 18:1).

Você consegue imaginar o que significa nunca desanimar, nunca ser fraco, nunca se sentir sobrecarregado, nunca cair na fossa do desespero, não perder mais nenhum dia para a angústia, não tomar mais nenhuma decisão motivada pelo medo? Esta é a vontade de Deus para mim e para você. Ele quer que transbordemos "de esperança pelo poder do Espírito Santo" (Romanos 15:13).

Transbordar. Que verbo extraordinário para se usar com a palavra "esperança".

Na semana passada, o céu transformou-se em uma cachoeira por cerca de meia hora. Precisei tirar meu carro da estrada, pois os limpadores de para-brisa não tiveram chance contra o temporal. Todos os centímetros quadrados da rodovia estavam encharcados. A chuva *transbordava*. Da mesma forma, Deus encharcará seu mundo com esperança.

Certa vez passei um dia na Floresta de Yosemite. Eram tantas árvores quanto estrelas no céu. Árvores altas, árvores baixas, para a direita, para a esquerda, para a frente, para trás. Yosemite *transbordava* de árvores. Deus transformará seu mundo em uma floresta de esperança.

Eu me lembro, quando criança, de caminhar por um campo de algodão perto da casa dos meus avós no oeste do Texas. A fazenda *transbordava* de algodão — era algodão que não tinha fim. Para o norte, para o sul, para o leste e para o oeste: bolinhas brancas inchadas para todos os lados. Deus lhe concederá uma colheita de verão de esperança.

Será que você precisa de uma esperança transbordante? Uma esperança que não seja ocasional ou esporádica, mas que seja transbordante? Ela está à sua disposição. Portanto,

> "[...] Sejamos firmemente encorajados, nós, que nos refugiamos nele para tomar posse da esperança a nós

proposta. Temos esta esperança como âncora da alma, firme e segura, a qual adentra o santuário interior, por trás do véu, onde Jesus, que nos precedeu, entrou em nosso lugar, tornando-se sumo sacerdote para sempre". (Hebreus 6:18-20)

Faça a si mesmo esta pergunta: aquilo no que estou firmado é mais forte do que os desafios que enfrentarei?

Todas as pessoas estão ancoradas em alguma coisa. Em algum fundo de aposentadoria ou no seu currículo; alguns apoiam-se em alguma pessoa, outros prendem-se a uma posição. No entanto, esses são objetos superficiais. Será que você ancoraria um barco em outro barco? Claro que não! É necessário algo mais profundo e que se apegue com mais firmeza do que outras embarcações na superfície da água. Mas, quando você se ancora nas coisas desse mundo, será que você não está fazendo exatamente isso? Será que algum fundo de aposentadoria pode resistir a alguma depressão econômica? Será que a boa saúde pode resistir a alguma doença? Não há como garantir isso.

Os marinheiros experientes insistiriam para que você se apegasse a algo oculto e sólido. Não confie na boia sobre a água, nem confie nos marinheiros no barco ao lado, tampouco confie no outro barco. Na verdade, nem confie no seu próprio barco. Quando bate a tempestade, não confie em ninguém a não ser Deus. O apóstolo Paulo proclamou isso de um modo triunfante: "temos colocado a nossa esperança no Deus vivo" (1Timóteo 4:10).

O Povo da Promessa renova diariamente sua decisão de firmar suas âncoras em Deus. Em casos como esse de Jonathan McComb, o problema é uma batalha de vida ou morte contra uma indiscutível tragédia. Nos casos como o que enfrentei ontem, é uma questão de arrancar o dia das garras do pessimismo.

Passei três dias encarando a tela do computador para escrever este livro. Uma hora depois, o cérebro voltou ao normal, e os olhos começaram a ficar pesados. Hora de parar um pouco. Moro a dez minutos de um campo de golfe, então, em poucos momentos, lá estava eu no ponto de partida, com a bola de golfe na mão, andando pelo centro do primeiro campo, desfrutando do calor de um dia de primavera.

Foi nesse instante que o meu celular tocou e eu li a mensagem de texto. Um colega de ministério informou-me de uma mudança na equipe da igreja. *Ué, por que será que ele não me consultou sobre essa decisão?*

Coloquei o celular no bolso e decidi dar-lhe uma chance de se redimir, mas essa tentativa de ser gentil durou até que comecei as tacadas para o segundo buraco, pois senti um rugido crescendo dentro de mim.

Ele devia ter falado comigo sobre isso.

Por volta do terceiro buraco, eu estava apertando o taco bem forte e, enquanto tentava acertar o quarto, passei a enxergar o rosto do meu colega na bola antes de bater. No quinto buraco, tudo beirava à catástrofe. Já me imaginava discutindo aos gritos com ele. Ao chegar nas últimas tacadas, já tinha renunciado, despedido aquele homem, entrado em greve e me mudado para o México.

Digamos que eu seja um tanto exagerado. Posso mergulhar na fossa da negatividade em um intervalo de, aproximadamente, cinco buracos de golfe. Queria que você me visse arrastando os tacos de golfe com uma mão e cerrando o punho contra o diabo com a outra. Você devia me ouvir também. Ainda bem que não havia outros jogadores de golfe naquela manhã de quarta-feira, pois eles me olhariam com cara feia.

No caminho entre o quinto e o sexto buraco, Deus falou comigo. Ele me perguntou sobre este livro e me fez lembrar da sua razão de ser; e ele nem teve que me perguntar se eu estava colocando o livro em prática. Eu não estava mesmo! Estava me firmando nos problemas da vida, não nas promessas de Deus.

Nesse momento, eu recorri ao arsenal de promessas e tomei posse de uma delas. Primeiramente, esta da história de Davi e Golias: "A batalha é do Senhor" (1Samuel 17:47), e depois eu me lembrei destas palavras de Isaías:

> Mas aqueles que esperam no Senhor
> renovam as suas forças.
> Voam alto como águias;
> correm e não ficam exaustos,
> andam e não se cansam. (40:31)

Essa promessa era justamente a receita de que eu precisava para curar minha irritação. Eu percebi: "Essa batalha é de Deus, não é minha, pois ele está no controle, não eu. Então, esperarei pelo agir de Deus".

Eu respondi à mensagem e pedi para conversar por cinco minutos. Quando eu estava chegando no sexto buraco, o celular tocou. Eu perguntei: "Você me incluiria nessa decisão?"

"É claro que sim! Nada foi decidido ainda. Eu só estava informando você sobre uma das opções".

Para mim isso bastava. Eu estava bem e a raiva já tinha passado. A parte ruim foi que o diabo chamou minha atenção, mas a boa foi que isso não aconteceu por muito tempo. As promessas de Deus foram um extintor de incêndio apagando as chamas dele.

No primeiro capítulo, eu contei para vocês que as promessas desse livro são as minhas preferidas. Agora que eu já compartilhei a minha lista, insisto para que você crie a sua, pois o melhor livro de promessas é aquele que você e Deus escreverão juntos. Pesquise e pesquise até que você encontre alianças que satisfaçam suas necessidades, e, então, apegue-se a elas, porque são pérolas preciosas. Esconda-as no seu coração para que elas rendam dividendos a longo prazo no futuro. Quando o inimigo vier com suas mentiras de dúvida e de medo, produza a pérola. Satanás imediatamente se calará, pois ele não tem como responder à verdade.

Elas funcionam mesmo, prezado amigo. As promessas de Deus funcionam! Elas podem sustentar você em meio a tragédias horríveis. Elas podem animá-lo nas dificuldades diárias; são de fato as promessas grandiosas e preciosas de Deus.

Russell Kelso Carter aprendeu essa verdade. Ele era talentoso como estudante e como atleta. Em 1864, quando tinha quinze anos de idade, durante uma reunião de oração, ele entregou a sua vida a Cristo. Ele tornou-se instrutor da Academia Militar da Pennsylvania em 1869 e teve uma vida diversificada e frutífera que incluiu as tarefas de ministro do evangelho, médico e até compositor musical, mas foi o seu entendimento das promessas de Deus que faz da sua história importante para nós.

Já pelos trinta anos, Carter teve um problema grave no coração e estava à beira da morte.

> Connie Ruth Christiansen escreve: "Ele ajoelhou-se e fez uma promessa que, sendo ele curado ou não, a vida dele era decididamente consagrada para o serviço do Senhor para sempre". Christiansen prossegue dizendo que, a partir daquele instante, a Escritura criou uma nova vida para Carter e ele começou a contar com as promessas que encontrava na Bíblia. Ele comprometeu-se a acreditar, mesmo que Deus lhe desse ou ou não a sua cura. Carter viveu com um coração saudável por mais 49 anos.[2]

Sua decisão de confiar em Deus em meio às dificuldades fez nascer um hino que ainda é cantado nos dias de hoje:

Firme nas promessas do meu Salvador,
Cantarei louvores ao meu Criador;
Fico na dispensação do Seu amor,
Firme nas promessas de Jesus.

Refrão:

Firme, firme,
Firme nas promessas de Jesus, o Cristo;

Firme, firme,
Sim, firme nas promessas de Jesus.

Minha estrofe preferida é a segunda:
Firme nas promessas, hei de não falhar,
Quando as tempestades vêm me assolar;
Pelo verbo vivo hei de batalhar.
Firme nas promessas de Jesus.[3]

Faça o mesmo!

Construa sua vida sobre as promessas de Deus. Já que as palavras dele são indissolúveis, a sua esperança será inabalável. Os ventos ainda soprarão. A chuva continuará a cair, mas, no final, você estará firme — firme nas promessas de Deus.

PERGUNTAS PARA REFLEXÃO

Preparadas por Andrea Lucado

CAPÍTULO 1

AS PROMESSAS GRANDIOSAS E PRECIOSAS DE DEUS

1. Quem são os "heróis da fé" relacionados em Hebreus 11:7-34? Por que eles são considerados heróis?
2. Nesse capítulo, a fé é definida como "a crença bem firme de que Deus cumprirá as suas promessas". Nesse exato momento em sua vida, é fácil acreditar que Deus cumprirá suas promessas? Ou é difícil? Por quê?
3. Leia Mateus 8:5-11. A Bíblia descreve com frequência como as pessoas maravilhavam-se com Jesus. As multidões o seguiam com admiração por causa da maneira como ele fazia milagres, curava os doentes e expulsava demônios, mas, nessa história, vemos que Jesus fica admirado. Qual é o motivo? O que isso nos diz quanto à maneira pela qual Jesus valoriza nossa fé nele?
4. Max cita várias passagens que descrevem a razão pela qual podemos confiar em Deus como aquele que faz e cumpre suas promessas:

   - Ele "não muda como sombras inconstantes" (Tiago 1:17). O caráter de Deus é constante e estável.
   - "Aquele que prometeu é fiel" (Hebreus 10:23). Ele é fiel.
   - "Deus é poderoso para cumprir tudo o que promete" (Romanos 4:21). Ele é poderoso. Seu poder é ilimitado.
   - "É impossível que Deus minta" (Hebreus 6:18). Ele não engana nem mente; ele só fala a verdade.

a) De quais dessas características de Deus você precisa recordar na situação em que se encontra hoje?

b) Como ter esse conhecimento sobre Deus concede-lhe esperança nas promessas dele?

5. Depois de contar a história de seu polegar esquerdo que treme, Max disse que tinha duas opções: "pensar sobre o problema ou se lembrar da promessa". Em que problema você está pensando hoje?

6. Agora considere as seguintes promessas de Deus:
   - "O Senhor está com você" (Juízes 6:12).
   - "Sabemos que Deus age em todas as coisas para o bem daqueles que o amam, dos que foram chamados de acordo com o seu propósito" (Romanos 8:28).
   - "Neste mundo vocês terão aflições; contudo, tenham ânimo! Eu venci o mundo" (João 16:33).

   a) Quais dessas promessas poderiam combater contra o problema em que você está pensando hoje?

   b) Você já viu alguma dessas promessas funcionarem na sua vida? Quais foram essas circunstâncias? Como que lembrar-se do modo pelo qual Deus cumpriu suas promessas no passado concede-lhe esperança de que ele cumprirá suas promessas no presente e no futuro?

7. Pedro escreveu: "[Deus] nos deu as suas grandiosas e preciosas promessas, para que por elas vocês se tornassem participantes da natureza divina" (2Pedro 1:4). A palavra grega traduzida como "preciosa" é *tímios*, que significa "de grande preço, preciosa, digna de honra, estimada, que tem consideração especial".[1] Você provavelmente dá valor a muitas coisas em sua vida – sua família e amigos, o seu trabalho ou a sua casa – mas considera as promessas de Deus como tendo um valor *especial*? Você concede a elas honra e estima

especiais ou tem a tendência de valorizar mais os bens materiais e as pessoas do que as promessas de Deus?
8. De que modo você precisa crescer como uma pessoa da promessa?
   a) Você crê nas promessas de Deus, mas precisa ser lembrado quanto à riqueza delas?
   b) Você está se sentindo cansado da vida e questiona se Deus cumprirá suas promessas?
   c) Será que essa é a primeira vez que você aprende sobre as promessas de Deus?
   d) Identifique em que nível de crescimento você está na caminhada da fé. Aonde você gostaria de chegar depois de estudar o livro *Esperança Inabalável* juntamente com as Escrituras?

CAPÍTULO 2

SELADOS COM A IMAGEM DE DEUS

1. Preencha a lacuna: Deus nos fez à sua _____.
   (Veja Gênesis 1:26). O que isso quer dizer com respeito aos seres humanos em comparação com o restante da criação de Deus?
2. Quais são as características divinas que todos nós temos?
3. A Bíblia diz: "Nós... estamos sendo transformados com glória cada vez maior, a qual vem do Senhor, que é o Espírito" (2Coríntios 3:18). Se já somos criados à imagem de Deus, o que quer dizer que seremos transformados à sua imagem com uma glória cada vez maior?
4. Geralmente, para nos definirmos e nos dar um senso de identidade, nós temos como referência as pessoas em vez de Deus. Em que ou em quem você tenta encontrar sua identidade?
5. Ao falar sobre o amor que tem pela sua neta que ainda não tinha nascido, Max traça um paralelo segundo o qual Deus nos ama simplesmente por sermos portadores da sua imagem. Você acha isso fácil ou difícil de acreditar? Por quê?
6. Por toda nossa vida, os outros tentam definir nossa identidade.
   a) Será que alguém o rotulou de um modo falso? Se isso aconteceu, como isso afetou a maneira que você vê a si mesmo?
   b) Se isso não aconteceu, você já rotulou alguém de forma errada? Quais foram as consequências?
7. Para combater contra os rótulos que as pessoas nos colocaram, é útil observar quem a Bíblia diz que somos. Leia as passagens seguintes e considere o que elas dizem sobre a sua identidade pessoal. Que

princípios verdadeiros elas apontam que contrariam os rótulos falsos que você tem acolhido como seus?

> "Assim, você já não é mais escravo, mas filho; e, por ser filho, Deus também o tornou herdeiro" (Gálatas 4:7).

> "Deus tornou pecado por nós aquele que não tinha pecado, para que nele nos tornássemos justiça de Deus" (2Coríntios 5:21).

> "Portanto eu lhes digo: não se preocupem com suas próprias vidas, quanto ao que comer ou beber; nem com seus próprios corpos, quanto ao que vestir. Não é a vida mais importante do que a comida, e o corpo mais importante do que a roupa? Observem as aves do céu: não semeiam nem colhem nem armazenam em celeiros; contudo, o Pai celestial as alimenta. Não têm vocês muito mais valor do que elas?" (Mateus 6:25-26)

> "Os teus olhos viram o meu embrião;
> todos os dias determinados para mim
> foram escritos no teu livro
> antes de qualquer deles existir.
> Como são preciosos para mim
> os teus pensamentos, ó Deus!
> Como é grande a soma deles!" (Salmos 139:16-17)

8. Pelo fato de Deus ser o criador de todas as pessoas, todos nós somos portadores da sua imagem.
    a) Como o fato de saber que todas as pessoas são portadores da imagem dele afeta o modo pelo qual você vê e interage com elas?
    b) Como isso poderia mudar o modo que você interage até mesmo com as pessoas mais difíceis na sua vida?

9. Pense sobre alguém que você conhece que põe em prática esse princípio de ser um portador da imagem de Deus.
    a) Como essa pessoa espelha a imagem de Deus?
    b) Usando essa pessoa como inspiração, como você poderia viver como um portador da imagem divina a partir de hoje?

CAPÍTULO 3

OS DIAS DO DIABO ESTÃO CONTADOS

1. Os pensamentos e as opiniões sobre Satanás e o seu papel em nossa vida variam muito, mesmo dentro da igreja. Como Max destacou, quatro em cada dez cristãos concordam fortemente que Satanás não é um ser vivo, mas sim de um símbolo do mal.
   a) Quais são seus pensamentos sobre a maneira como o diabo é descrito na Escritura?
   b) Você acredita que ele exerce alguma influência sobre a nossa vida diária? Se sua resposta for sim, qual seria essa influência? Se não, por que pensa assim?

2. A palavra grega para diabo é *diábolos*, que significa "dividir".
   a) Como essa definição expõe as intenções do diabo?
   b) Como ela expõe as táticas que ele usa contra nós?

3. Leia Ezequiel 28:12-17. Max relaciona essa passagem à queda de Satanás.
   a) De acordo com essa passagem, o que causou a queda de Satanás?
   b) Qual é a conexão entre o orgulho que alguma pessoa tem e Satanás? (Veja 1Timóteo 3:6).

4. Em 1Pedro 5:8, Satanás é retratado como "leão, rugindo e procurando a quem possa devorar".
   a) Por que essa comparação é adequada?

b) Você já teve uma experiência com o diabo nesse sentido? Se isso aconteceu, quando foi e de que maneira?

5. Diz João 10:10 que o maligno veio "somente para roubar, matar e destruir". Pense sobre esses três verbos.
   a) O que Satanás tem buscado roubar na sua vida?
   b) O que ele tenta matar?
   c) O que ele tenta destruir?

6. Leia Mateus 4:1-11. Nessa passagem, "o tentador" tentou Jesus três vezes:

> "Se você é o Filho de Deus, mande que estas pedras se transformem em pães" (v. 3)

> "Se você é o Filho de Deus, jogue-se daqui para baixo. Pois está escrito: 'Ele dará ordens a seus anjos a seu respeito, e com as mãos eles o segurarão, para que você não tropece em alguma pedra" (v. 6).

> "O diabo o levou a um monte muito alto e mostrou-lhe todos os reinos do mundo e o seu esplendor. E lhe disse: "Tudo isto lhe darei, se te prostrares e me adorares" (vv. 8-9).

   a) Qual foi a estratégia que o tentador usou contra Jesus no versículo 3?
   b) Qual foi a estratégia que ele usou contra Jesus no versículo 6?
   c) Qual foi a estratégia usada nos versículos 8-9?

7. Agora leia a resposta de Jesus a cada uma dessas tentações:

> "Está escrito: 'Nem só de pão viverá o homem, mas de toda palavra que procede da boca de Deus'" (v. 4).

PERGUNTAS PARA REFLEXÃO

"Também está escrito: 'Não ponha à prova o Senhor, o seu Deus'" (v. 7).

"Retire-se, Satanás! Pois está escrito: 'Adore o Senhor, o seu Deus, e só a ele preste culto" (v. 10).

a) Qual foi a estratégia de Jesus contra Satanás?
b) Como esse diálogo pode instruir a maneira pela qual você luta contra as mentiras de Satanás em sua vida?

8. A passagem de Efésios 6:12-17 descreve como podemos nos proteger de Satanás.
   a) Quais as partes da armadura que Paulo relaciona nessa passagem?
   b) Pense sobre alguma área da sua vida sobre a qual Satanás parece ter algum controle no momento. De qual parte da armadura você precisa para lutar contra ele nessa área em particular? Como você poderia equipar-se hoje com o cinto da verdade, com a couraça da justiça, com a espada da palavra de Deus ou com o escudo da fé?

9. O simples fato de que Satanás vagueia pela terra nos dias de hoje não quer dizer que ele fará isso para sempre. Leia Romanos 16:20.
   a) O que essa passagem diz sobre o destino de Satanás e sobre o seu poder em nossa vida?
   b) Como esses princípios podem conceder-lhe esperança ao enfrentar o inimigo nos dias de hoje?

10. De que maneira esse capítulo mudou ou desafiou sua visão sobre Satanás?
    a) Você precisou ser lembrado de que ele é uma ameaça real e presente?

b) Você precisou ser lembrado de que o poder dele sobre você é finito em comparação ao poder de Cristo sobre você?
c) Ou você precisou se lembrar de que Satanás está, em última análise, derrotado e de que a autoridade dele não subsistirá?
d) Como você pode aplicar esse conhecimento para qualquer tentação que enfrente atualmente?

CAPÍTULO 4

UM HERDEIRO DE DEUS

1. Você já recebeu alguma herança significativa? Ou já sonhou acordado com o recebimento de uma herança? Como esse presente mudaria sua vida para melhor?
2. A Escritura diz que somos "herdeiros de Deus e co-herdeiros com Cristo" (Romanos 8:17). Dois versículos antes, Paulo escreveu: "Pois vocês não receberam um espírito que os escravize para novamente temer, mas receberam o Espírito que os torna filhos por adoção, por meio do qual clamamos: 'Aba, Pai'" (v. 15). O que significa ser adotado por Deus?
3. Na Roma antiga, a adoção era um assunto sério. Se o pai não sentia que tinha um herdeiro digno, ele poderia escolher alguém da comunidade para adotar e, portanto, herdar sua terra e riqueza. De acordo com o direito romano, essa adoção trazia quatro mudanças importantes para a identidade do adotado:
   a) Ele perdia todo o relacionamento com a sua família anterior e obtinha todos os direitos como membro da nova família.
   b) Ele tornava-se herdeiro do espólio de seu novo pai.
   c) Sua vida anterior era completamente esquecida. Todas as suas dívidas legais eram canceladas como se nunca tivessem existido.
   d) Aos olhos da lei, o adotado era literal e absolutamente filho desse novo pai.[2]
   - Os destinatários da carta de Paulo aos Romanos teriam entendido isso, mas como isso muda a sua perspectiva sobre ser um filho adotivo de Deus?

— 171 —

- Você já aceitou o fato de que você é um filho adotivo de Deus, e você está pronto para desfrutar da sua herança? Ou você ainda precisa acreditar que você foi adotado por Deus?

4. Leia 1Crônicas 29:11-12. Que tipo de herança recebemos do nosso Pai?
5. A história de Josué conduzindo os israelitas para a terra prometida de Canaã é uma boa ilustração sobre o modo pelo qual nós, como herdeiros de Deus, abordamos nossa herança. Deus disse a Josué: "[...] Agora, pois, você e todo este povo preparem-se para atravessar o rio Jordão e entrar na terra que eu estou para dar aos israelitas. Como prometi a Moisés, todo lugar onde puserem os pés eu darei a vocês" (Josué 1:2-3).
6. Deus diz a cada um de nós a mesma coisa. "Levantem-se e recebam a herança que eu prometi a vocês", mas nem todos acreditam nessa herança. Se você se colocar na história de Josué, de que lado você estaria? Será que você está de pé à beira do Jordão, questionando se Deus realmente reserva uma boa herança para você na Terra Prometida? Será que você está buscando sua herança, mas não na Terra Prometida? Quem sabe você tenha perdido o rumo e esteja procurando sua herança em outro lugar – no seu trabalho, nos seus relacionamentos ou na sua riqueza. Ou será que você está vivendo na abundância da Terra Prometida, recebendo a herança que Deus tem para você? Se você estiver questionando a herança de Deus para você ou se você se desviou do caminho, procurando por sua herança em outro lugar, em que você precisa acreditar sobre Deus para que você viva na abundância da Terra Prometida?
7. No final do capítulo, Max conta a história comovente e trágica de Hein e Diet, um casal que escondeu judeus durante a ocupação nazista da Holanda. De que maneira esse casal desfrutou da herança dada por Deus?
8. Como você pode desfrutar da herança dada por Deus?
    a) Do que você sente falta hoje? Sente que lhe falta paz, paciência, amor ou graça?

b) Como Deus pode suprir essa necessidade e fazer mais do que você pediu?

9. Como viver da nossa herança ajuda a demonstrar o amor de Cristo àqueles que estão ao nosso redor? Como deixar de desfrutar da nossa herança poderia manchar o nosso testemunho cristão diante das pessoas?

CAPÍTULO 5

SUA ORAÇÃO TEM PODER!

1. Que função a oração tem exercido em sua vida com o passar dos anos – na infância, na adolescência, na juventude e nos dias de hoje? Será que a sua vida de oração mudou, ou seus pensamentos sobre a oração mudaram? Se isso aconteceu, de que modo ocorreu e por quais motivos?
2. No início do capítulo, Max relata a história de Elias em 1Reis. Leia 1Reis 17:1-7 e 18:20-40.
    a) Por quanto tempo os profetas de Baal clamaram ao deus deles por fogo? (v. 25-29)
    b) Quais desculpas Elias deu para o silêncio de Baal? (v. 27).
    c) Por que Elias encharcou o altar com água? (v. 33-35)?
    d) Quanto tempo Deus levou para responder a oração de Elias com fogo? (vv. 36-38)?
    e) Por que Elias quis que Deus operasse esse sinal? (v. 36-37).
3. É bem provável que você nunca tenha visto Deus mandar fogo à terra em resposta a uma de suas orações, mas você já viu Deus responder uma de suas orações de um modo milagroso?
    a) Se isso aconteceu, como afetou a maneira como você enxerga Deus?
    b) Como isso influenciou sua vida de oração?
    c) Se isso não aconteceu, como a ausência de orações respondidas afetou a maneira pela qual você enxerga Deus?

PERGUNTAS PARA REFLEXÃO

    d) Como isso tem influenciado sua vida de oração?

4. Tiago 5:16 diz: "A oração de um justo é poderosa e eficaz". Será que você acha fácil acreditar nisso ou é cético quanto ao poder da oração? Por que isso acontece?

5. Deus nem sempre responde nossas orações utilizando o nosso cronograma ou do modo que queremos que ele as responda. Isso pode fazer com que nós fiquemos cada vez mais céticos quanto à oração ou sintamos que Deus está longe e não se importa conosco.
   a) Que oração você está fazendo que Deus ainda não respondeu?
   b) Como essa oração não respondida influencia a maneira como você enxerga Deus?
   c) Por que você acha que Deus ainda não respondeu essa oração?
   d) Como encaixa versículos como Tiago 5:16 com a oração que ainda não foi respondida?

6. Preencha essa lacuna: Max diz que Deus se importa com nossa oração porque somos _____ de Deus.

7. Quando você ora, será que enxerga Deus como seu Pai e a si mesmo como filho dele? Se isso não acontece, como você o enxerga quando fala com ele?

8. Como ver Deus como Pai influencia o modo pelo qual você entende as orações não atendidas? Por que Deus às vezes diz não? Por que às vezes ele fica em silêncio?

9. Se grandes coisas acontecem quando a pessoa que crê ora, devemos orar por todas as áreas da nossa vida. Sobre o que você ainda não orou e precisa levar a Deus? Como a oração pode ajudar nessa situação?

10. Esse capítulo inclui a história de um cristão chamado Dmitri que foi preso na Rússia durante o período comunista. Ele ficou preso por dezessete anos, mas, mesmo assim, adorava a Deus e continuava a orar. O que dezessete anos de prisão fariam com a sua fé e com a sua

vida de oração? Como você pode encontrar incentivo na história de Dmitri?

11. Leia Mateus 18:19. O que essa passagem diz sobre a oração e a comunidade? Com que frequência você ora com as pessoas? Como você poderia incluir a oração comunitária na sua vida?
12. Será que você conhece alguém que possui uma vida rica de oração? Como o exemplo dele ou dela influenciou a sua abordagem quanto à oração? O que você aprendeu observando um guerreiro forte de oração?
13. Já que você é uma pessoa da promessa, que tipo de vida de oração espera ter? Que passos em direção a esse objetivo você pode começar a dar a partir de hoje?

CAPÍTULO 6

GRAÇA PARA O HUMILDE

1. Defina *orgulho* com suas próprias palavras.
2. Preencha a lacuna: Deus resiste ao soberbo porque o soberbo resiste a _____.
3. A Bíblia é clara e direta com respeito à humildade e o orgulho. Leia o Salmos 10:4; Provérbios 16:5; Provérbios 26:12; Isaías 2:12 e Isaías 5:21. Esses são apenas alguns versículos que descrevem o desprezo que Deus tem pelo orgulho.
    a) Por que você acha que a Bíblia aborda esse assunto com tanta frequência?
    b) Por que Deus abomina tanto o orgulho?
4. Em que os relatos trágicos de Bernie Madoff e do rei Nabucodonosor se parecem? Em que eles são diferentes?
5. Recorde-se de algum momento em sua vida quando sentiu orgulho de alguma coisa. Qual foi o resultado?
6. Como o orgulho fere nosso relacionamento com as pessoas? Como ele fere nosso relacionamento com Deus?
7. Um exemplo de orgulho está registrado no início da Bíblia. Leia Gênesis 3:1-6. Qual foi a parte do orgulho teve no primeiro pecado de Adão e Eva no jardim?
8. Logo depois de Adão e Eva, a Escritura diz: "Os olhos dos dois se abriram, e perceberam que estavam nus; então juntaram folhas de figueira para cobrir-se" (Gênesis 3:7).

a) Compare esse versículo com Gênesis 2:25.
b) Adão e Eva sentiram vergonha depois de pecar, não antes. Qual é a ligação entre as emoções do orgulho e da vergonha?

9. O orgulho geralmente funciona como uma compensação pela vergonha. Geralmente, é a isso que recorremos para encobrir inseguranças ou medos, mas o orgulho nunca nos livrará dessas coisas. Max diz que "encontra-se grande liberdade na floresta da humildade". O que ele quis dizer com isso? Já houve algum momento em que o orgulho lhe parecia uma prisão? Em caso positivo, como foi isso?

10. Leia Romanos 8:1-2. O que esses versículos nos dizem a respeito da nossa vergonha depois de já estarmos em Cristo? Como a atitude de acreditar que o sacrifício de Jesus levou nosso pecado – e, portanto, nossa vergonha – nos liberta para ter vidas humildes em vez de vidas arrogantes?

11. Em Filipenses, Paulo disse que conhecer a Cristo mudou o local onde ele colocava o seu orgulho. Leia Filipenses 3:4-9.
    a) Antes de conhecer a Cristo, de que Paulo se orgulhava?
    b) No momento em que ele conheceu a Cristo, o que Paulo passou a pensar sobre as coisas que ele relacionou em Filipenses 3:4-6?
    c) Como conhecer a Cristo mudou o modo pelo qual você se orgulha e do que se orgulha? Em outras palavras, como transformou a essência do seu orgulho?

12. No final de seus sete anos no deserto, Nabucodonosor disse: "Então louvei o Altíssimo; honrei e glorifiquei aquele que vive para sempre[...] Agora eu, Nabucodonosor, louvo, exalto e glorifico o Rei dos céus, porque tudo o que ele faz é certo, e todos os seus caminhos são justos" (Daniel 4:34, 37).
    a) Por que levou tanto tempo para que Nabucodonosor fosse quebrantado?
    b) Nabucodonosor louvou a Deus nesses versículos. No que a humildade prepara o caminho para a adoração? Como o orgulho pode inibir ou impedir a adoração?

13. Pense sobre algumas áreas de sua vida em que você se sente envergonhado. Será que algumas delas estão associadas às áreas de orgulho que você mencionou na questão anterior?
    a) Do que você quer ser liberto hoje? Como o amor de Cristo poderia ajudar a encontrar essa libertação?
    b) Como seria sua vida se você se libertasse da vergonha e do orgulho? Como isso influenciaria seu relacionamento com as pessoas e com Deus?

CAPÍTULO 7

DEUS ENTENDE VOCÊ

1. A encarnação é o que separa o cristianismo de todas as outras religiões no mundo. O que é especial com relação à encarnação? Como Jesus é diferente dos deuses que as outras religiões adoram?
2. De uma forma linda, João 1:1-18 conta a história da encarnação. Que palavras foram usadas para se referir a Jesus nesses versículos? Como ele é descrito? Sublinhe todas as descrições e escreva uma lista delas.
3. O termo que João usou para "Palavra" é *logos*, um termo bem conhecido para os destinatários da sua época. Os filósofos gregos tinham utilizado esse termo por muito tempo para descrever uma figura central ou um ser divino que deu sentido e ordem ao universo.[3] Sabendo disso, por que João escolheria essa palavra em particular para identificar Jesus?
4. De várias maneiras, a encarnação é um acontecimento misterioso de difícil compreensão para nós. Agora que você já reexaminou a passagem de João 1:1-18, como explicaria a encarnação para outra pessoa?
5. Ecoando João 1, Paulo escreveu: "Ele é a imagem do Deus invisível, o primogênito de toda a criação, pois nele foram criadas todas as coisas nos céus e na terra, as visíveis e as invisíveis, sejam tronos ou soberanias, poderes ou autoridades; todas as coisas foram criadas por ele e para ele" (Colossenses 1:15-16). Mais adiante em Colossenses, Paulo disse: "Pois em Cristo habita corporalmente toda a plenitude da divindade" (2:9).

a) Esses versículos indicam que Jesus era ao mesmo tempo totalmente Deus e totalmente homem. Por que Jesus teve que ser totalmente homem?
b) Por que ele teve que permanecer totalmente Deus?

6. Você acha que a divindade de Jesus é importante para a fé cristã? Por que concorda com isso ou discorda disso?
7. O texto de 1João 4:2-3 diz: "Vocês podem reconhecer o Espírito de Deus deste modo: todo espírito que confessa que Jesus Cristo veio em carne procede de Deus; mas todo espírito que não confessa Jesus não procede de Deus".
    a) Como é possível saber que alguém tem o Espírito de Deus?
    b) Como é possível saber que alguém não tem o Espírito de Deus?
8. Max escreveu: "Se Jesus simplesmente descesse à terra na forma de um ser poderoso, nós o respeitaríamos, mas nunca nos aproximaríamos dele... Se Jesus tivesse sido concebido biologicamente de dois pais terrenos, nós nos aproximaríamos dele, mas será que iríamos querer adorá-lo?"
    a) Você tem a tendência de ver Jesus por meio da sua humanidade ou de sua divindade?
    b) Como isso afeta seu relacionamento com ele?
    c) Que benefício pode lhe trazer pensar mais sobre o lado de Jesus com o qual você não está acostumado?
9. Leia os seguintes versículos: Marcos 4:38; Lucas 2:52; João 4:6 e João 12:27. Como esses versículos indicam a humanidade de Jesus?
10. Pense em uma situação difícil que você está enfrentando agora. Que aspecto da humanidade de Jesus poderia ajudá-lo a se aproximar dele em meio a essa provação?
11. Pelo fato de Jesus se fazer carne, Deus nos entende mais do que podemos pensar. Diz Hebreus 4:15-16: "Pois não temos um sumo sacerdote que não possa compadecer-se das nossas fraquezas, mas sim alguém que, como nós, passou por todo tipo de tentação, po-

rém, sem pecado. Assim, aproximemo-nos do trono da graça com toda a confiança, a fim de recebermos misericórdia e encontrarmos graça que nos ajude no momento da necessidade".

a) Quando você se aproxima de Deus em oração, tem certeza de que receberá graça ou tem medo da resposta dele?

b) Já que nosso sumo sacerdote Jesus nos entende, como isso afeta o modo como nos aproximamos de Deus em oração?

12. Passe algum tempo hoje diante do trono de Deus. Aproxime-se dele, sabendo que seu sumo sacerdote Jesus sabe e entende tudo que você está trazendo aos pés de Deus. Sinta-se consolado em sua presença hoje, porque você tem um Deus que o compreende.

CAPÍTULO 8

CRISTO ESTÁ ORANDO POR VOCÊ

1. Qual é a promessa que gera a esperança inabalável?
2. Qual foi sua reação inicial à ideia de que Cristo ora por você? Já tinha pensado sobre isso antes?
3. Romanos 8:34 diz que "foi Cristo Jesus que morreu; e mais, que ressuscitou e está à direita de Deus, e também intercede por nós".
   a) Max conversa sobre a palavra grega que traduzimos como *interceder*. O que ela quer dizer?
   b) Que valor Jesus dá ao fato de ele interceder por nós?
   c) Essa palavra é usada várias vezes na Escritura. Consulte Hebreus 7:24-25 e Romanos 8:26-27. O que esses versículos dizem sobre as *pessoas* pelas quais Jesus e o Espírito intercedem, sobre *o modo* pelo qual eles intercedem e *o motivo* pelo qual eles fazem isso?

4. Você já orou por alguém? Se já fez isso, então já participou de uma intercessão. Considerando o fervor com o qual podemos orar pelas pessoas, como isso o ajuda a entender a importância que Cristo dá a interceder por você?
5. Leia Mateus 14:22-32.
   a) O que aconteceu enquanto os discípulos estavam no Mar da Galileia?
   b) Onde Jesus estava e o que ele estava fazendo?

6. Pense em uma "tempestade" pela qual você passou ou está enfrentando atualmente – um tempo difícil na sua vida com águas escuras e ventos ameaçadores. Você acreditava que Jesus estava intercedendo por você nessa época? Se sim, como isso afetou o modo como você lidou com essa tempestade? Se não, como isso poderia ter mudado a maneira de caminhar em meio a esse tempo difícil?

7. Max cita um argumento comum: "Se Jesus estava orando, por que a tempestade chegou a acontecer?" O que ele diz sobre isso? O que você acha da resposta dele?

8. Em João 16:33, Jesus disse: "Neste mundo vocês terão aflições; contudo, tenham ânimo! Eu venci o mundo".
   a) Quais são as duas promessas que Jesus faz nesse versículo?
   b) Como isso pode nos ajudar a entender a razão pela qual passamos por tempestades na vida?
   c) Leia João 16:32. Nesse versículo, a qual tempestade que estava chegando Jesus se referiu?
   d) Como você se sente em saber que Jesus também enfrentou tempestades?
   e) Como isso afeta a maneira como você vê as tempestades em sua vida?

9. Volte para Mateus 14:22.
   a) Quem disse aos discípulos para entrar no barco e atravessar o Mar da Galileia?
   b) Como isso muda a história para você? Será que saber que a jornada tinha sido idealizada por Jesus faz com que você veja a tempestade e a aparição de Cristo no meio dela de um modo um pouco diferente?
   c) Como isso poderia mudar o modo pelo qual você vê as suas próprias tempestades? Como isso poderia dar-lhe esperança?

10. Esse capítulo inclui a história do artista cristão bem-sucedido Chris Tomlin e o modo pelo qual Jesus intercedeu a seu favor quando es-

tava passando por uma tempestade. Será que alguma tempestade produziu alguma coisa boa em sua vida? Você acha que Jesus teve alguma participação nela? Se isso aconteceu, de que maneira você acha que ele participou?

11. Depois de os discípulos verem Jesus andar sobre as águas durante a tempestade, o que eles fizeram que foi registrado pela primeira vez na Escritura? (Veja Mateus 14:33). Por que você acha que eles foram levados a adorar naquele momento?

12. Como Povo da Promessa, podemos ter certeza de que Jesus intercede por nós. Passe algum tempo em adoração sob o impacto dessa verdade.

CAPÍTULO 9

NÃO HÁ CONDENAÇÃO

1. Max fala sobre as duas maneiras diferentes pelas quais reagimos a nossa dívida espiritual. Ou tentamos fazer mais para ganhar nosso caminho para o céu ou jogamos tudo para o alto derrotados, sem ter como acreditar em um Deus que exige tanto de nós. O legalista e o ateu. A qual extremo você tem a tendência de ir?
2. Em suas cartas, o apóstolo Paulo geralmente aborda essa questão sobre a maneira de lidar com nossa dívida espiritual. Por que ele poderia escrever sobre esse assunto com propriedade? (Veja Atos 9:1-20).
3. Citando o salmo 14, Paulo disse em Romanos 3:10-11: "Como está escrito: 'Não há nenhum justo, nem um sequer; não há ninguém que entenda, ninguém que busque a Deus'".
    a) Quem é o padrão final de justiça? (Veja Hebreus 4:14-15).
    b) Como você se sente ao saber que o padrão é uma vida sem pecado?
4. Leia Romanos 7:22-25. A descrição de Paulo sobre ser um escravo da lei de Deus e ao mesmo tempo escravo da sua natureza pecaminosa identifica-se com você? De que maneira?
5. O capítulo 8 de Romanos é fundamental para o Novo Testamento porque define a segurança da nossa salvação em Cristo. O capítulo começa com esta afirmação ousada: "Agora já não há condenação para os que estão em Cristo Jesus" (v. 1).
    a) Como essa afirmação ajuda a resolver o dilema descrito em Romanos 7:22-25?

PERGUNTAS PARA REFLEXÃO

b) A linguagem nessa afirmação é absoluta. *Não há* condenação. Não fala de uma condenação pequena ou menor, mas *não há* condenação para os que estão em Cristo Jesus. Será que a sua vida reflete que você acredita estar livre da condenação? Ou você vive sobre o peso da condenação?

6. O versículo 2 de Romanos 8 explica o motivo pelo qual o versículo 1 é possível.
   a) O que o versículo 2 diz?
   b) Qual é a lei do Espírito?
   c) Qual é a lei do pecado e da morte?

7. Leia João 19:28-30. O que aconteceu na cruz? Como esse ato é essencial nessa conversa sobre liberdade da lei e liberdade da condenação?

8. Leia Marcos 15:37-38. O que simboliza o rasgar do véu do templo?

9. Em Mateus 11, Jesus disse: "Venham a mim, todos os que estão cansados e sobrecarregados, e eu lhes darei descanso. Tomem sobre vocês o meu jugo e aprendam de mim, pois sou manso e humilde de coração, e vocês encontrarão descanso para as suas almas. Pois o meu jugo é suave e o meu fardo é leve" (vv. 28-30). Essa não é uma promessa que a maioria dos rabinos faria. O seguidor de um rabino devia estudar e aprender todas as leis concedidas ao povo hebreu.[4] Essa é uma tarefa árdua.
   a) Por que Jesus está dizendo que *seu* jugo é suave e *seu* fardo é leve?
   b) Como acreditar em Cristo nos faz descansar?
   c) Como isso poderia fazê-lo descansar neste exato momento?

10. Como somos o Povo da Promessa, podemos ter certeza de que nenhuma condenação paira sobre nossa vida. Você tem certeza disso? Se não tiver, o que o faz duvidar disso?

CAPÍTULO 10

ESSE TÚMULO É TEMPORÁRIO

1. Cada pessoa tem um relacionamento diferente com a realidade da morte. Algumas pessoas resolvem bem essa questão e vivem em paz, outras têm medo dela, e há também aquelas que nem pensam sobre o assunto. Qual é o seu relacionamento com a morte no momento? Quando você estava crescendo, como era abordado esse assunto? O que as pessoas falavam sobre isso? De que modo ela era explicada?
2. Você já perdeu alguém próximo? Como foi essa experiência? Como ela afetou sua visão da morte?
3. Existem vários tipos de crença sobre o que acontece depois da morte. Alguns acreditam na reencarnação, outros acreditam que desapareceremos no nada, mas a fé cristã tem um ângulo diferente sobre a morte. Leia Lucas 23:40-43.
    a) O que essa conversa nos ensina sobre o que acontece após a morte?
    b) A que paraíso Jesus se referiu?
4. Max diz que o Paraíso não é o fim da nossa jornada após a morte. O que acontece em seguida? (Veja 1Tessalonicenses 4:16).
5. O capítulo 5 de João fala sobre nossa ressurreição: "Eu lhes afirmo que está chegando a hora, e já chegou, em que os mortos ouvirão a voz do Filho de Deus, e aqueles que a ouvirem, viverão [...] e sairão; os que fizerem bem ressuscitarão para a vida [...] (vv. 25, 29).
    a) Que imagens esses versículos evocam em você?

PERGUNTAS PARA REFLEXÃO

b) Agora leia 1Coríntios 15:42-44.

6. Max indica que nosso corpo será completamente saudável depois de ressuscitado. Imagine como o seu corpo seria. Que limitações físicas você tem hoje em dia? Como seria viver sem essas limitações?

7. Além do nosso corpo saudável, a terra também será sarada. Diz Apocalipse 22:3: "Já não haverá maldição nenhuma". Leia Gênesis 3:16-19.
    a) Quais maldições Deus colocou sobre a terra e sobre a humanidade?
    b) Qual seria a aparência desse mundo sem maldição nenhuma?

8. Apesar de a Escritura ser clara sobre o que acontece conosco depois da morte e sobre como o melhor está por vir para todos os que creem, por que ainda temos medo da morte? Por que ainda fazemos todo o possível para fugir dela?

9. Lemos em 2Coríntios 4:18: "Fixamos os olhos, não naquilo que se vê, mas no que não se vê, pois o que se vê é transitório, mas o que não se vê é eterno".
    a) Max fala sobre o verbo grego usado por Paulo que se traduz como "fixar os olhos". Qual é essa palavra e o que significa?
    b) Como se pode fixar os olhos no que não se vê?
    c) Como essa perspectiva eterna poderia incentivá-lo quanto às dificuldades que você está enfrentando no momento?

10. Independentemente de em qual fase da vida você esteja, separe um instante para pensar sobre os seus dias finais. Como espera sentir-se com relação à morte quando ela chegar? O que precisa mudar agora em sua mentalidade ou no seu coração para se preparar para esse momento?

11. A promessa nesse capítulo é que, por causa de Cristo, "a morte foi destruída pela vitória" (1Coríntios 15:54). Reflita sobre a morte e a ressurreição de Jesus. Como esses acontecimentos podem dar-lhe esperança não apenas para a glória futura, mas também para os dias atuais?

CAPÍTULO 11

A ALEGRIA ESTÁ PARA CHEGAR

1. O que faz você sentir-se perdido no momento, algo que verdadeiramente faz você se desesperar, algo que, quando você observa, não vê saída ou não vê nenhuma possibilidade de mudança?
2. Esse capítulo fala sobre Maria Madalena, um dos personagens mais importantes dos evangelhos. Como Maria encontrou Jesus pela primeira vez? (Veja Lucas 8:1-3).
3. Lemos em João 19:25 que Maria Madalena ficou ao pé da cruz de Jesus, junto com a mãe e a tia dele. O que isso indica sobre o relacionamento de Maria com Jesus?
4. Leia João 20:1-11.
   a) Qual é a diferença entre a reação de Maria ao túmulo vazio e a reação de Simão Pedro e de João?
   b) O que isso nos diz sobre Maria e sobre como ela deve ter se sentido naquele momento?

5. Pense na sua resposta à primeira pergunta. Qual é a sua reação à falta de esperança? Como você lida com ela?
6. Uma das passagens mais queridas da Escritura é Romanos 5:3-5. Paulo escreveu: "[...] também nos gloriamos nas tribulações, porque sabemos que a tribulação produz perseverança; a perseverança, um caráter aprovado; e o caráter aprovado, esperança. E a esperança não nos decepciona, porque Deus derramou seu amor em nossos corações, por meio do Espírito Santo que ele nos concedeu".

PERGUNTAS PARA REFLEXÃO

a) De acordo com esses versículos, o que vem antes da esperança?
b) A palavra grega para *perseverança* nessa passagem é *hupomoné*. Uma definição de *hupomoné* é "persistente, paciente, firme".[5] Como pode o sofrimento produzir a espera paciente e firme?
c) Como Maria exemplificou um tipo *hupomoné* de perseverança depois que ela viu o túmulo vazio?

7. Lembre-se de uma época em que você se sentiu sem esperança em outra área de sua vida.
   a) O que aconteceu naquela situação?
   b) Você viu algum propósito naquele sofrimento?
   c) Ele produziu algum fruto – de perseverança, de caráter aprovado ou de esperança – de que Paulo falou em Romanos 5:3-5?

8. Lemos em Salmos 30:5: "O choro pode persistir uma noite, mas de manhã irrompe a alegria". Leia o restante da história de Maria no túmulo em João 20:11-18.
   a) Como a experiência de Maria no túmulo espelha essa verdade de que a alegria vem pela manhã?
   b) Como essa história reflete o que aprendemos sobre a esperança em Romanos 5:3-5?

9. Porque o tinha visto morrer, Maria tinha certeza de que Jesus estava morto. Ela estava certa de que o corpo dele tinha sido roubado da sepultura porque tinha encontrado o túmulo vazio. No entanto, o desespero dela transformou-se em uma esperança inacreditável logo que ouviu seu nome (João 20:16).
   a) O que isso lhe diz a respeito da circunstância que parece desesperadora para você agora?
   b) Será que Jesus não pode estar chamando seu nome mesmo em meio a tudo isso? Quando você ouviu a voz dele ou o viu agir em meio a esse momento difícil?

10. Max disse que a melhor notícia do mundo não é a de que Deus criou o mundo. Qual é a melhor notícia?
    a) Como o entendimento de que Deus vê e ama você lhe dá esperança?
    b) Você pode encontrar esperança em meio à sua situação aparentemente desesperadora, mesmo que essa circunstância não mude?

10. Encerre essa reflexão lendo Salmos 103:8-13. Inclua-se na passagem: "O Senhor é compassivo e misericordioso, mui paciente e cheio de amor. Não acusa sem cessar nem fica ressentido para sempre; não *nos* trata conforme os *nossos* pecados nem *nos* retribui conforme as *nossas* iniquidades. Pois como os céus se elevam acima da terra, assim é grande o seu amor para com os que o temem; e como o Oriente está longe do Ocidente, assim ele afasta para longe de nós as *nossas* transgressões. Como um pai tem compaixão de seus filhos, assim o Senhor tem compaixão dos que o temem".

CAPÍTULO 12

VOCÊ RECEBERÁ PODER

1. O que lhe vem à mente quando você pensa no Espírito Santo? Que tipo de imagens ou experiências isso desperta?
2. A primeira vez que lemos sobre o Espírito Santo é na história da criação em Gênesis 1:2: "Era a terra sem forma e vazia; trevas cobriam a face do abismo, e o Espírito de Deus se movia sobre a face das águas". O que essa menção inicial do Espírito Santo na Bíblia nos diz sobre a importância dele?
3. A Trindade é composta de três partes: o Pai, o Filho e o Espírito Santo.
   a) Quando você pensa na sua fé, vê o Pai, o Filho ou o Espírito Santo no papel principal? Por quê?
   b) À qual pessoa da Trindade você ora mais e qual a razão disso?
   c) Você vê o Espírito Santo como parte ativa da sua vida diária? Se isso acontece, de que modo ele participa dela? Se não acontece, qual é a razão?
4. Quais são as quatro palavras que Max usa para descrever o modo pelo qual o Espírito Santo interage conosco?
5. Leia Efésios 1:13-21:
   a) O que essa passagem diz sobre o poder do Espírito Santo dentro de nós?
   b) Lemos em Efésios 1:19-20 que o mesmo poder que ressuscitou Cristo dentre os mortos vive em nós. O que você acha disso? É fácil ou difícil para você acreditar nisso? Justifique.

6. O fruto do Espírito é relacionado em Gálatas 5:22-23 como "amor, alegria, paz, paciência, amabilidade, bondade, fidelidade, mansidão e domínio próprio".
   a) Como produzimos esse tipo de fruto?
   b) Qual é a função do Espírito Santo em nossa frutificação?

7. Max diz: "Não se diz para os cristãos que criem a unidade, mas, em vez disso, que mantenham a unidade que o Espírito proporciona. A harmonia sempre é possível, porque o Espírito está sempre presente".
   a) O que você acha dessa afirmação?
   b) Qual tem sido sua experiência de unidade entre os cristãos?
   c) Como o Espírito Santo poderia trazer unidade para sua comunidade?

8. Leia João 16:12-15.
   a) O que essa passagem diz sobre o papel do Espírito Santo no discipulado?
   b) Como o Espírito Santo nos guia na verdade?
   c) Quando você faz uma retrospectiva da sua caminhada cristã, como você entende que o Espírito Santo revelou a você a verdade?

9. O Espírito Santo nos dá poder, cria unidade entre os cristãos, guia-nos na verdade e também nos santifica. Outra palavra para santo é *santificado*. Lemos em 1Coríntios 6:11: "[...] Mas vocês foram lavados, foram santificados, foram justificados no nome do Senhor Jesus Cristo e no Espírito de nosso Deus".
   a) A palavra grega para *santificado* significa "separado das coisas profanas e dedicado a Deus".[6] Qual área da sua vida o Espírito Santo já santificou?
   b) Está escrito em 2Coríntios 3:18: "E todos nós, que com a face descoberta contemplamos a glória do Senhor, segundo a sua imagem estamos sendo transformados com glória cada vez maior, a qual vem do Senhor, que é o Espírito". Nossa salvação é um acontecimento único, mas o processo de santificação, de

ser cada vez mais santo, é contínuo. Qual área da sua vida ainda não foi santificada?

c) Às vezes tentamos tomar a frente da obra da santificação e fazemos como Paulo disse: "Será que vocês são tão insensatos que, tendo começado pelo Espírito, querem agora se aperfeiçoar pelo esforço próprio?" (Gálatas 3:3). Será que existe alguma área em que você está tentando santificar a si mesmo? Como poderia deixar que o Espírito Santo volte a ter o controle desse processo?

10. Você está produzindo o fruto do Espírito? Será que você é amável, alegre, tranquilo, paciente, generoso, bom, fiel, gentil e equilibrado? Dedique algum tempo para fazer essa avaliação.

a) Em que áreas você está dando lugar para que o Espírito Santo trabalhe?

b) Em que áreas você está impedindo que ele opere?

CAPÍTULO 13

A JUSTIÇA PREVALECERÁ

1. Identifique alguma coisa em sua vida que não foi justa. Como esse acontecimento fez você se sentir? Como ele afetou o modo como você enxerga Deus?
2. Antes de ler este capítulo, o que você sabia sobre o Juízo Final?
    a) Se você foi criado na igreja, sua igreja falava com frequência do juízo de Deus? Se esse for o caso, como você recebia essa mensagem?
    b) Se você não foi criado ouvindo falar sobre o juízo de Deus, como você recebeu a mensagem nesse capítulo?

3. Leia o que a Escritura diz sobre o juízo de Deus nas passagens seguintes: Mateus 12:36; Atos 17:30-31; Romanos 14:10; 2Coríntios 5:10 e Apocalipse 20:11-12.
    a) Quando acontecerá o Dia do Juízo?
    b) Quem será julgado?
    c) Como serão julgados?

4. Essa ideia de justiça e julgamento é uma espada de dois gumes. Por um lado, saber que Deus julgará aqueles que nos trataram mal traz-nos esperança. Por outro lado, é desconcertante saber que nós também seremos julgados. Como você se sente quanto a esse conflito?
5. Qual será o papel de Cristo em nosso julgamento? (Veja Romanos 2:16).

PERGUNTAS PARA REFLEXÃO

6. Em nenhum momento nosso perdão será mais claro do que quando formos julgados com Cristo ao nosso lado. Será que você se sente completamente perdoado por Deus?
   a) Se não se sentir assim, qual é o pecado e a bagagem aos quais você ainda se apega?
   b) Qual é a parte da sua vida que você acredita que não tenha sido perdoada?

7. Max destaca que, no Dia do Juízo, não seremos julgados somente pelos nossos erros, mas também as nossas boas obras serão reconhecidas. Como diz em Hebreus 6:10: "Deus não é injusto; ele não se esquecerá do trabalho de vocês e do amor que demonstraram por ele, pois ajudaram os santos e continuam a ajudá-los".
   a) Você já fez alguma coisa boa que não foi reconhecida? Será que você estava esperando reconhecimento, mas nunca o recebeu? Como foi essa experiência? Não foi uma decepção ficar sem receber o reconhecimento pelo que fez?
   b) Sabendo que Deus vê tudo o que você faz, como você encontra forças para fazer o bem mesmo que nunca seja reconhecido por isso?

8. A parábola dos talentos conta a história de três servos que receberam a responsabilidade de cuidar do dinheiro do seu senhor. Leia a parábola em Mateus 25:14-30.
   a) O que o talento simboliza nessa história?
   b) O que as ações dos dois primeiros servos que multiplicaram os talentos simbolizam?
   c) O que as ações do último servo que enterrou o talento simbolizam?
   d) O que o senhor quis dizer quando falou: "Pois a quem tem, mais será dado, e terá em grande quantidade. Mas a quem não tem, até o que tem lhe será tirado" (Mateus 25:29)?

9. O senhor disse aos dois primeiros servos: "Muito bem, servo bom e fiel! Você foi fiel no pouco; eu o porei sobre o muito. Venha e participe da alegria do seu senhor!" (Mateus 25:21, 23). Todos nós temos um grande desejo de ouvir essas palavras no Dia do Juízo.
   a) Em que você espera que Jesus o elogie? Em que você espera ser reconhecido por sua fidelidade?
   b) Quais dons você acredita ter recebido de Deus que poderia usar para o Reino de Deus? Como você poderia ser mais frutífero com o que recebeu?

10. O Povo da Promessa não tem razão para ter medo do Dia do Juízo e pode ter fé de que Deus fará justiça em todas as coisas.
    a) Será que você tem medo do julgamento de Deus? Passe algum tempo conversando com ele sobre seus medos.
    b) Será que existe alguma situação ou alguma pessoa na sua vida que você acredita precisar de justiça ou do julgamento de Deus? Traga essa pessoa ou situação a Cristo e peça a ele para ajudá-lo a entregar a situação ao juízo soberano de Deus para que não precise mais carregar o peso dela.

CAPÍTULO 14

PROMESSAS INDISSOLÚVEIS, ESPERANÇA INABALÁVEL

1. Esse capítulo fala da esperança como uma âncora. De que modo a esperança é uma âncora da alma?
2. A passagem de Hebreus 6:19-20 diz: "Temos esta esperança como âncora da alma, firme e segura, a qual adentra o santuário interior, por trás do véu, onde Jesus, que nos precedeu, entrou em nosso lugar". O santuário interior é o Lugar Santíssimo. Antes da morte de Cristo na cruz, somente o sumo sacerdote poderia entrar nessa parte do templo, e eles podiam entrar só uma vez por ano para oferecer um sacrifício a Deus a favor do povo.
   a) Qual é o significado de Jesus ter entrado no Lugar Santíssimo em nosso favor?
   b) O que isso tem a ver com a esperança? Em última análise, qual é a base da nossa esperança?

3. Revise as promessas dadas neste livro:
   Deus lhe deu suas grandiosas e preciosas promessas.
   Você é selado com a imagem de Deus.
   Os dias do diabo estão contados.
   Você é herdeiro de Deus.
   Suas orações têm poder.
   Há graça para o humilde.
   Deus compreende você.

Cristo está orando por você.
Não há condenação para aqueles que estão em Cristo Jesus.
Esse túmulo é temporário.
A alegria está para chegar.
A justiça prevalecerá.

  a) Como Jesus torna todas essas promessas possíveis? Ou como ele cumpre cada uma dessas promessas?
  b) Que tipo de esperança temos afastados de Cristo?

4. Complete: "Já que ninguém pode levar o seu _____, ninguém pode levar a sua _____".
5. Max conta a história trágica de Jonathan McComb, um homem que perdeu sua esposa e dois filhos em uma enchente. Como você reagiu às palavras de Jônatas no enterro da família?
6. Você já sentiu esperança em meio à tragédia? Qual foi a sensação? Por que você teve esperança apesar de a situação parecer desesperadora?
7. Pense no que sua esperança está ancorada.
    a) Será que ela está ancorada nas promessas de Deus por meio de Cristo, ou, se você for honesto, está ancorada em outra coisa?
    b) Uma boa maneira de verificar isso é perguntar a si mesmo: "Qual é a coisa ou a pessoa sem a qual não consigo viver?" Seja qual for a sua escolha, esse será o lugar onde sua esperança está ancorada.
    c) O que impede você de ancorar sua esperança nas promessas de Deus?

8. Uma promessa linda encontra-se em Isaías 40:31: "Mas aqueles que *esperam* no Senhor renovam as suas forças; voam alto como águias; correm e não ficam exaustos, andam e não se cansam". A palavra hebraica traduzida como "esperar" e "ter esperança" é *qavah*. Ela significa as duas coisas.[7] De que maneira desenvolvemos essa virtude?

PERGUNTAS PARA REFLEXÃO

9. Retorne e leia a lista de promessas na pergunta 3.
   a) De qual dessas promessas você precisa mais no momento? Por quê?
   b) Como você poderia se firmar nessa promessa hoje?

9. Esse livro não inclui todas as promessas feitas por Deus porque a Bíblia está cheia de promessas dele. Faça uma lista de outras promessas que Deus fez que são especiais para sua vida.

10. Você é uma pessoa da promessa. Depois de ler este livro, o que ele significa para você?
    a) Como crer que você é uma pessoa da promessa pode mudar a maneira como você interage com Deus, com as pessoas e consigo mesmo?
    b) Como ser uma pessoa da promessa pode lhe conceder uma esperança inabalável?

11. Declare estas palavras sobre a sua vida:

    Eu construirei minha vida com as promessas de Deus, e, já que suas promessas são indestrutíveis, minha esperança será inabalável. Os ventos ainda soprarão. A chuva ainda cairá, mas, no final, ainda estarei firme, firme nas promessas de Deus.

NOTAS

CAPÍTULO 1
AS PROMESSAS GRANDIOSAS E PRECIOSAS DE DEUS

1. Religion: Promises [Religião: Promessas]. *Time*, 24 dez. 1956. Disponível em: <http://content.time.com/time/magazine/article/0,9171,808851,00.html>.
2. CURTIN, S. C.; WARNER, M.; HEDEGAARD, H. Increase in Suicide in the United States, 1999-2014 [Aumento do suicídio nos Estados Unidos, 1999-2014]. *NCHS Data Brief*, Hyattsville, n. 241, abr. 2016. Disponível em: <https://www.cdc.gov/nchs/data/databriefs/db241.pdf>.
3. MOODY, D. L. *How to Study the Bible* [Como estudar a Bíblia]. Edição atualizada. Abbotsford: Aneko Press, 2017. p. 114-115.

CAPÍTULO 3
OS DIAS DO DIABO ESTÃO CONTADOS

1. BURGESS, J. Spectators Witness History at Manassas [Espectadores testemunham a história em Manassas]. *Hallowed Ground Magazine*, primavera de 2011. Disponível em: <https://www.civilwar.org/learn/articles/spectators-witness-history-manassas>.
2. Ibid.
3. Ibid.
4. Ibid.
5. CAMELI, L. J. *The Devil You Don't Know: Recognizing and Resisting Evil in Everyday Life* [O diabo que você não conhece: reconhecendo e resistindo ao mal na vida diária]. Notre Dame: Ave Maria Press, 2011. p. 79.
6. Most American Christians Do Not Believe That Satan or the Holy Spirit Exist [A maioria

dos cristãos americanos não acreditam nem que Satanás e nem que o Espírito Santo existem]. *Barna*, 13 abr. 2009. Disponível em: <https://www.barna.com/research/most-american-christians-do-not-believe-that-satan-or-the-holy-spirit-exist/>.

7. CONLON, C.; QUON, L. *Fear Not: Living Courageously in UncertainTimes* [Não tenha medo: vivendo corajosamente em tempos incertos]. Ventura: Regal Books, 2012, p. 52-53.

CAPÍTULO 4
UM HERDEIRO DE DEUS

1. MACINTOSH, J. Homeless Heir to Huguette Clark's $19M Fortune Found Dead in Wyoming [Herdeiro sem teto da fortuna de 19 milhões de dólares de Huguette Clark encontrado morto em Wyoming]. *New York Post*, 31 dez. 2012. Disponível em: <http://nypost.com/2012/12/31/homeless-heir-to-huguette-clarks-19m-fortune-found-dead-in-wyoming/>.
2. BURDEN, S. Meet the Dutch Christians Who Saved Their Jewish Neighbors from the Nazis [Conheça os cristãos holandeses que salvaram os vizinhos judeus das mãos dos nazistas]. *Christianity Today*, 23 nov. 2015. Disponível em: <http://www.christianitytoday.com/ct/2015/december/meet-dutch-christians-saved-their-jewish-neighbors-nazis.html>.

CAPÍTULO 5
SUA ORAÇÃO TEM PODER!

1. ELIJAH, In: BEHIND the name: the etymology and history of the first names [Por trás do nome: etimologia e história dos primeiros nomes]. Disponível em: <https://www.behindthename.com/name/elijah>; YAHWEH, ibid. Disponível em: https://www.behindthename.com/name/yahweh>.
2. RIPKEN, N; LEWIS, G. *A insanidade de Deus*. Barueri: Editora Novo Século, 2017.

CAPÍTULO 6
GRAÇA PARA O HUMILDE

1. KIRTZMAN, A. *Betrayal: The Life and Lies of Bernie Madoff* [A vida e as mentiras de Bernie Madoff]. Nova York: Harper Perennial, 2010, p. 232.
2. Ibid., p. 9.
3. The Hanging Gardens of Babylon - Herodotus [Os jardins suspensos da Babilônia - Heródoto]. Disponível em: <http://www.plinia.net/wonders/gardens/hg4herodotus.html>;

KRYSTEK, L. The Hanging Gardens of Babylon [Os jardins suspensos da Babilônia]. *The Museum of Unnatural Mystery*, 1998. Disponível em: <http://www.unmuseum.org/hangg.htm>.

4. MAYBERRY, M. The City of Babylon [A cidade da Babilônia]. *Truth Magazine*, 17 fev. 2000. Disponível em: <http://truthmagazine.com/archives/volume44/V44021708.htm>.

CAPÍTULO 7
DEUS ENTENDE VOCÊ

1. LAKE, T. The Way It Should Be: The Story of an Athlete's Singular Gesture Continues to Inspire. Careful, Though, It Will Make You Cry [Como se deve ser: A história de um gesto especial de uma atleta continua a inspirar, mas tenha cuidado, porque isso lhe trará lágrimas nos olhos]. *Sports Illustrated*, 29 jun, 2009. Disponível em: <www.si.com/vault/2009/06/29/105832485/the-way-it-should-be>.
2. Ibid.

CAPÍTULO 8
CRISTO ESTÁ ORANDO POR VOCÊ

1. VINE, W. E. *Vine's Complete Expository Dictionary of Old and New Testament Words* [Dicionário Expositivo Vine Completo das palavras do Antigo e do Novo Testamento]. Nashville: Thomas Nelson, 1984, p. 330.
2. Chris Tomlin Most Sung Songwriter in the World [Chris Tomlin, o compositor mais cantado no mundo]. *The Christian Messenger News Desk*, 3 jul. 2013. Disponível em: <www.christianmessenger.in/chris-tomlin-most-sung-songwriter-in-the-world/>.
3. SCHIFRIN, N. President Obama Writes Fifth Grader's Excuse Note [Presidente Obama escreve um bilhete de desculpas para um aluno do quinto ano]. *ABC News*, 3 jun. 2012.
4. MAPLES, N. *Twelve Clean Pages: A Memoir* [Doze páginas limpas: um livro de memórias]. Fort Worth: Bel Esprit Books, 2011, p. 129-130.

CAPÍTULO 9
NÃO HÁ CONDENAÇÃO

1. STEPHEY, M. J. A Brief History of the Times Square Debt Clock [Uma história breve do relógio das dívidas de Times Square]. *Time*, 14 out. 2008. Disponível em: <http://content.time.com/time/business/article/0,8599,1850269,00.htm>.

2. BLACKABY, H; BLACKABY. *Being Still with God: A 366 Daily Devotional* [Aquietando-se com Deus: Um devocional diário de 366 dias]. Nashville: Thomas Nelson, 2007, p. 309.

3. BARTH, K. *Church Dogmatics, Vol. 4, Part 1: The Doctrine of Reconciliation* [Dogmática eclesiástica, v. 4, parte 1: A doutrina da reconciliação]. Editado por G. W. Bromiley e T. F. Torrance. Londres: T&T Clark, 2004, p. 82.

CAPÍTULO 11
A ALEGRIA ESTÁ PARA CHEGAR

1. DODD, J. Amanda Todd: Bullied Teen Made Disturbing Video Before Her Suicide [Amanda Todd: adolescente que passa por *bullying* fez um vídeo preocupante antes do suicídio]. *People*, 17 out. 2012. Disponível em: <http://people.com/crime/amanda-todd-bullied-teen-made-disturbing-video-before-her-suicide/>; Suicide of Amanda Todd [O suicídio de Amanda Todd]. *Wikipédia*. Disponível em: <http://en.wikipedia.org/wiki/Suicide_of_Amanda_Todd>.

2. MANNING, B. *A implacável ternura de Jesus*. São Paulo: Editora Naós, 2010.

3. Esse não é o seu nome verdadeiro.

4. CARNEGIE, D. *Como evitar preocupações e começar a viver*. São Paulo: Companhia Editora Nacional, 2003, p. 239-241.

CAPÍTULO 13
A JUSTIÇA PREVALECERÁ

1. SANCHEZ, R. Sandy Hook 4 Years Later: Remembering the Victims [Quatro anos depois de Sandy Hook: Lembrando-se das vítimas]. *CNN*, 14 dez. 2016. Disponível em: <https://www.cnn.com/2016/12/14/us/sandy-hook-anniversary-trnd/>.

2. BLANCHARD, J. *Whatever Happened to Hell?* [O que aconteceu com o inferno?]. Wheaton: Crossway Books, 1995, p. 105.

3. Salmos 62:12; Romanos 2:6; Apocalipse 2:23, 18:6 e 22:12.

4. GUINNESS. O, *Unspeakable: Facing Up to the Challenge of Evil* [Indescritível: enfrentando o desafio do mal]. São Francisco: HarperOne, 2005, p. 136-137.

CAPÍTULO 14
PROMESSAS INDISSOLÚVEIS, ESPERANÇA INABALÁVEL

1. PATTERSON, B. *The Grand Essentials* [Os grandes fundamentos]. Waco: Word Books, 1987, p. 35.
2. SCHULTZ, L. The Story Behind the Song [A história por trás da música]. *Thrive*. Disponível em: <www.thrive-magazine.ca/blog/40/>.
3. Hino 107 da Harpa Cristã, tradução de Mark E. Carver. Rio de Janeiro: CPAD.

PERGUNTAS PARA REFLEXÃO

1. TIMIOS. In: BIBLE Study Tools [Ferramentas de estudos bíblicos]. Disponível em: <https://www.biblestudytools.com/lexicons/greek/nas/timios.html>.
2. KEENER, C. S. *The IVP Bible Background Commentary: New Testament* [Comentário do Cenário Bíblico da InterVarsity Press]. Downers Grove: InterVarsity, 1993, p. 430.
3. Ibid., p. 264.
4. Ibid., p. 77.
5. HUPOMONE. In: BIBLE Study Tools [Ferramentas de estudos bíblicos]. Disponível em: <https://www.biblestudytools.com/lexicons/greek/nas/hupomone.html>.
6. HAGIAZO. In: BIBLE Study Tools [Ferramentas de estudos bíblicos]. Disponível em: <https://www.biblestudytools.com/lexicons/greek/nas/hagiazo.html>.
7. QAVAH. In: BIBLE Study Tools [Ferramentas de estudos bíblicos]. Disponível em: <https://www.biblestudytools.com/lexicons/hebrew/nas/qavah.html>.

Este livro foi impresso em 2022,
pela Vozes, para a Thomas Nelson Brasil.
O papel do miolo é pólen natural 80g/m², e o da
capa é cartão 250g/m².